武建一が語る

# 大資本はなぜ私たちを恐れるのか

武建一◉著

旬報社

二〇一八年八月二八日の朝六時過ぎ、いつものように大阪市内の組合事務所に出勤した私は、いきなり警察に逮捕されました。ゼネコンを恐喝した容疑だというのです。

私だけではありません。私が委員長を務める労働組合、関生《かんなま》支部の組合員や関係者も、恐喝、強要、威力業務妨害といった容疑でつぎからつぎへと逮捕され、その数は一年あまりのうちに延べ八九人にものぼりました。そして、私は、二〇二〇年五月に保釈されるまで、じつに六四一日も勾留されることになったのです。

ストライキ、ビラ配り、建設現場の法令違反の調査、労働争議……。私たちがやってきたのは、日本国憲法第二八条で保障されている、ごくあたりまえの労働組合活動ばかりです。

それなのに、なぜ私たちは逮捕されることになったのか。

しかし、こうした事実を正確に報道するメディアも少なく、自ら調べもせずに警察情報を垂れ流すフェイクニュースが溢れています。

この本を通じて、私たち関生支部の活動のほんとうの姿、そして、「関西生コン事件」とよばれる現在の事態の真相を、ひとりでも多くの方々に知っていただければ幸いです。

目次◉武建一が語る

# 大資本はなぜ私たちを恐れるのか

# 関生支部のあゆみ

| | |
|---|---|
| 1965年 | 全自運関西地区生コン支部結成(5分会183人) |
| 1975年 | 中小企業政策を発表。業界と労使共同政策セミナー |
| 1978～1981年 | 大阪兵庫生コンクリート工業組合と産業別労働協約(業者団体が労組法上の交渉当事者。未組織企業も拘束する協約。雇用保障、休日、年金など32項目) |
| 1980年～1983年 | **第1次弾圧**<br>(産業別労働協約の破棄。19件の刑事弾圧事件) |
| 1984年 | 運輸一般と訣別。総評・全日建と全日本建設運輸連帯労働組合を結成。組織の立て直しへ |
| 1990～1993年 | セメントメーカー主導の低額回答路線打破。3年連続で2万5300円～3万5000円の賃上げ実現 |
| 1994年 | 関生支部・生コン産労・全港湾大阪支部で生コン産業政策協議会を発足。「生コン産業危機突破」を掲げ労使共同決起集会・ミキサーパレード |
| 1995年 | 阪神淡路大震災。欠陥生コン調査を開始、品質管理強化を提言(コンプライアンス活動のはじまり) |
| 1996年 | 労使の協力で大阪広域生コン協組発足。業界再建が本格化 |
| 2001～2004年 | バラセメント輸送、圧送など関連業界の協同組合組織化。大阪モデルが近畿一円に広がる |
| 2005年 | **第2次弾圧**<br>(大阪広域協組加入促進活動で支部役員ら逮捕。1年近く勾留) |
| 2010年 | 近畿一円の労使2300人が適正価格実現へ決起集会・デモ。4か月ゼネストへ |
| 2015年 | 生コン業者の大同団結が実現。大阪広域協組の組織率ほぼ100%。輸送運賃引き上げの労使協定 |
| 2016年 | 関生支部はじめ5労組で近畿生コン関連労組連合会が発足 |
| 2017年 | 運賃引き上げの協定履行と協組民主化を要求してゼネスト決行(関生支部と全港湾大阪支部のみ) |
| 2018年 | **第3次弾圧**<br>(大阪広域協組主導の団交拒否、就労拒否、解雇。のべ89人逮捕の弾圧事件) |

# 第1章

# 刑事弾圧

# 六四一日にも及んだ勾留生活

「あんた、保釈になりそうやで」

大阪拘置所の職員にそう告げられたのは、二〇二〇年五月二九日の夕方です。すでに夕食を終えた時間帯でした。

「今回は大丈夫やろう」

職員が自信たっぷりに言います。

逮捕されてからすでに一年と九か月が経過していました。

ようやく外に出ることができると、素直に喜んだわけではありません。これまで保釈を申請しても、検察が反対し、裁判所から「保釈却下」を言い渡されることが何度もありました。そのうえ再逮捕が続き、勾留延長が繰り返されてもいました。いったいどれだけ期待を裏切られたことでしょう。

期待を持ったところで、どうせぬか喜びに終わるのだと、私の中で警戒心が働きます。

しかもこの日は金曜日。たとえ保釈が決定しても、実際に外に出ることができるのは週明けだと思いました。

「さすが今日ってことはないでしょう」

私は職員にそう返したのですが、彼は「深夜に出られる可能性だってある」と答えるのです。不思議なもので、付き合いが長くなれば、職員もだんだんと優しく対応してくれるようになります。彼の言葉はこれまで以上に穏やかな響きを伴っていました。

「あんた、しばらく横になって寝とっていいよ。その時になったらオレが起こすから」

そうまで言ってくれるのでありがたいと、半信半疑で食後の時間を過ごしました。

夜一一時ごろでしょうか。うとうとしていたら「保釈や！」と先の職員に起こされました。

「よかったなあ」。なぜか職員も嬉しそうな表情を見せています。

拘置所の外に出たときは、すでに深夜零時を回っていました。

蒸し暑い夜でした。薄ぼんやりした月明かりが印象に残っています。夜空を見上げるなんて、本当に久しぶりのことでした。

それにしても――ずいぶんと長きにわたって自由を奪われたものです。

今回の刑事弾圧によって最初に逮捕されたのは一八年八月二八日。実に六四一日間にも及ぶ異例の長期勾留でした。もちろん、労働運動を続けていく中で逮捕されたことは今回が初めてではありませんが、これほどに長きにわたる勾留経験を私は持ちません。

なんとしてでも私を、そして連帯労組関西生コン支部（関生《かんなま》支部）を、徹底的につぶしてやるのだという、権力側の強い意志だけはひしひしと伝わってきました。多くの人から「組合活動を理由とした刑事弾圧事件としては戦後最大規模」だと指摘されましたが、まさにその通りだと思います。

二一か月強の拘留期間のうち一二か月間は警察の留置場で過ごしました。九か月間は滋賀、京都、大阪の各拘置所に勾留されました。

不当な逮捕であり、私は自身の「罪」というものをまったく認めていないのですから、留置場であろうが拘置所であろうが、許しがたい生活を強いられたという点では違いありません。しかし、それでも独居を強いられた拘置所での勾留のほうが、相当にしんどいものであったことは事実です。

独房はわずか三畳のスペースです。冷暖房は一応設けられているようなのですが、稼働はしていません。冷暖房が利いているのは職員が往来する廊下だけです。

この狭くて非人道的な部屋の中で、朝から晩まで、ひとりで過ごさなければなりません。会話がまったくできないのです。

房の中では、同じ方向を向いて座っていなければなりません。寝ころぶことも、立ち上がることも禁止されています。体を横にすることが許されるのは睡眠時と食後の休憩時だけです。ひたすら壁に向かって、せいぜいが読書するしかない。こんなバカな規則があるでしょうか。私は読書することで時間を忘れることができましたが、本を読まない人にとっては苦痛でしかなかったと思います。一種の拷問です。

そもそも拘置所にいる人は有罪であることが決まっているわけではない。冤罪で捕まった人もいれば、様々な事情で責任を押し付けられた人もいることでしょう。少なくとも推定無罪の原則は守られなければならないはずです。しかし、拘置所という場所はその点において〝無法地帯〟に等しい。拘置所の職員は、ただ一方的に命令するだけ。勾留されている人を最初から罪人扱い、いや、動物扱いしているのです。

こうした人権侵害を許せるわけがありません。

声を荒げたことは一度や二度ではありませんでした。

「推定無罪の原則を無視するな！　勝手に罪人扱いするな！」

彼らの命令を無視したこともあります。壁を向けと言われても、別の方向に顔を向けたりしていました。

「あなた方は命令ばかりするが、ここにいる人たちにも基本的人権があることを知っているのか？」

職員に対して何度も問いかけましたが、まともな答えが返ってきたことはありません。

「ここにはここの規則があるから」

その程度の返答しかないのです。

これはやはり、国会の法務委員会などで、しっかり議論すべき問題です。自称先進国の日本が、いつまでもこうした拘置所環境をそのままにしておくのは国際的にも恥ずべきことです。

一方、警察の留置場にいた一二か月間は、同室の人と話をすることができたという点のみ、私にとっては拘置所よりも過ごしやすかったといえるかもしれません。会話する相手がいるのはいいことです。時間が経つのも早く感じます。そこには様々な出会いもありました。

もっとも記憶に残っているのは京都南署の留置場で出会ったネパール人の青年です。彼は日本に出稼ぎに来ていたのですが、職業安定法違反で逮捕され、私と同じ部屋に入れられました。片言の日本語しかできない青年でしたが、勾留されている者にとって、そんなことは問題ではありません。同じ空間にいるだけですぐに打ち解け、仲良くなりました。

宗教の関係なのか、彼は魚や肉を食べることができませんでした。ところが南署はそうした部分での配慮がまるでない。これはいかんだろうと猛烈に抗議して、どうにか彼の食事内容を改善してもらったこともあります。うどんを好物とする彼のために、私の弁護士に頼んで一万円を差し入れたこともありました。留置場では一定の制限はあるものの、自費でうどんや焼きそば等を購入することも可能なのです。彼は差し入れをとても喜んでくれて、私まで嬉しくなりました。

まじめな青年でした。ネパールに帰ったら大学を出て、いずれは国会議員になりたいのだと自身の夢を打ち明けてくれました。

「そのときにはまた日本を訪ねたい。今度は外で堂々と会いましょう」

そんな彼の言葉に胸が熱くなりました。

また、全身に入れ墨を彫った二〇歳の青年も印象に残っています。

なぜ捕まったのかと聞いてみれば、強盗傷害で逮捕された友人の〝運転手役〟だったという。なのに彼は「共犯として逮捕されてしまったが、自分は友人が強盗することなど知らなかった」とこぼすのです。

「警察のシナリオに合わせたらいかん」と私は彼に注意しました。

「やってもいないことを絶対に認めてはならない。知ったかぶって話してもいけない。とにかく本当に何も知らないのであれば、そのことをきちんと主張していくべきだ」

警察は事件を〝解決〟するため、自分たちにとって都合の良いストーリーを考えます。そのほうがラクだからです。調書も書きやすいし、評価にもつながる。気の弱い人やすぐに諦めてしまう人は、警察の言いなりになって、結果的にやってもいない罪を〝つくられて〟しまうことが少なくありません。他の国では取り調べに弁護士の同席が許されることも多いのですが、日本ではそれが認められていません。それが冤罪を生むのです。

私は必死で彼を説得しました。結局、彼は私の忠告を受け入れてくれました。以降、否認を貫くことになります。その甲斐があってか、彼は二二日間で無事に釈放されました。

彼と雑談するなかで、南アフリカのネルソン・マンデラ元大統領について話したことがあります。

人種差別を許さず、人権と民主主義のために闘い続けたマンデラさんは二七年間も獄中に囚われていたが、非転向を貫いた。弾圧に屈することはなかった。希望も捨てなかった。そして出獄後は大統領になって、南アフリカに自由をもたらした――。

そんなことを伝えると、彼はものすごく感動してくれたのです。「すごい、そんな人がいるのですね」と。

それだけならまだしも、彼は「釈放されて外に出たら、マンデラの肖像画を刺青として自分の首に彫りたい」とまで話すのです。

「いやいや、きみ、入れ墨まで彫らんでもいいだろう」と言ったのですが、「絶対に彫りたい。こんなすごい人は他にいないでしょう」と、その点だけは譲りません。

果たして、いま、彼はどうしているでしょうか。首筋にマンデラさんの顔を彫っていたら、あるいは私の責任かもしれません。

このように留置場では、常に会話がありました。それだけが救いでした。

会話の端緒は「何をして捕まったか」です。どんな容疑であれ、それが話題の始まりとなるのが留置場というところです。

私も聞かれた以上は正直に答えました。

恐喝、強要、威力業務妨害。

容疑となった罪名だけを並べれば、どれほどの悪人かと思われても仕方ありません。ですから当然、私なりに〝補足〟させていただきました。

「これは労働組合運動に対する弾圧だ。容疑を問われたことのすべては、憲法二八条で保障されている労働組合の団結権、団体交渉権、団体行動権を行使したに過ぎない。いずれも労働組合の活動として正当なことばかりで、逮捕は完全なでっち上げだ。マスメディアは凶悪犯のように報道しているが、けっしてそんなことはない」

後に詳述しますが、ビラ配りやストライキ、企業への抗議など、当たり前の労働組合活動をしただけで、私はこの二年間で六回も繰り返し逮捕されたのです。副委員長の湯川裕司君にいたっては八回も逮捕されている。また、今回の弾圧では、関生支部やその関係者は延べ八九人も逮捕されています。こんなバカなことがあるでしょうか。完全な権利侵害です。しかも、この弾圧劇はいまなお続いていています。検察や警察、業界団体が一体化し、関生支部の組合員に組合からの〝脱退〟を迫っているのです。労組つぶしを狙ったものであることは明白です。

先述した二〇歳の青年などは、私の主張を真剣に聞いてくれたうえ、「釈放されたら仲間内でつくるグループＬＩＮＥを使って、武さんが不当逮捕されたことを訴えてみます」とまで言ってくれました。

留置場ではこのような出会いと交流もあるのです。

しかし拘置所で独居を強いられて以降は、一切の会話もなく、ひとりでの時間を過ごすしかありませんでした。

とにかく単調な毎日で、何もすることがなければ、途方もなく時間が長く感じられるはずです。

しかも大阪拘置所に入ってからは新型コロナウイルスの感染対策として、面会も禁止されました。拘置所職員からも感染者が出ていますから、ある程度の制限は必要かもしれませんが、私にとっては数少ない会話や交流のチャンスも奪われたことになります。

起床は午前七時二〇分です。洗顔をした後、八時に朝食。一〇時になると熱い湯が配られます。それで茶やコーヒーを飲んだりします。一二時に昼食が出て、午後三時には再び湯が配られます。夕食はだいたい四時四〇分。そう、夕食時間がとても早いのです。そして就寝が夜九時。

普段の私の生活から考えれば、ありえないサイクルです。早起きは少しも苦痛ではありませんが、九時に寝ろと言われてもそう簡単に休めるものでもありません。ただ、夕食が早い時間ですから、遅くまで起きていると空腹が襲ってきます。だからこそ早めに眠らなければと、無理してでも目を閉じるようにしました。

菓子類などを購入することもできますが、運動不足の毎日ですから、甘いものを食べ過ぎるとすぐに太ってしまいます。ですから、おやつは一日に飴玉ひとつ、あるいは小袋に入ったピーナッツだけと決めていました。

ちなみに毎晩のように酒をたしなんでいた私でも、不思議と酒が飲みたいとは思いませんでした。毎回のことですが、勾留が始まった直後から覚悟を決めるのです。酒なんてなくたって生きていけるのだと。そう思い込めばなんとかなるものです。

むしろ強く欲してしまうのは甘いものでした。だからこそ、抑制することでたった一粒の飴玉でも本当においしく感じることができました。

食事に関しては拘置所の方がよかった。味付けやおかずの品数ではなく、主食が麦七〇パーセント、米三〇パーセントの配合だったことです。麦が入っていると、便秘になりにくいのです。

一方、留置場は白飯ばかりですから、私の場合はどうしても便秘がちになってしまう。やはり麦が入っていたほうが体によいのだと私は信じています。

勾留されている以上、食事や嗜好品に関しては、その不自由さも〝利用〟するしかないと思っています。つまり健康を保つことで〝敵より一日長く〟を意識するのです。この程度を我慢できなくてどうするのか、欲求をコントロールできない人間が社会でどう闘うことができるのかと、あえて大袈裟に考えながら、自分を鼓舞していたのかもしれません。

ですから運動も毎日欠かすことなく続けました。部屋の中ではむやみに体を動かしてはならないのですが、規則など関係なく、体力づくりに励みました。

朝起きたら、腕立て伏せを一五〇回。昼と夕方にもそれぞれ六〇回。さらに足踏みも欠かせません。留置場では毎日一万歩以上は続けましたが、さすがにひざを痛めてしまいました。一五年前にも一年間の勾留生活を送りましたが、そのときは連日、一万歩以上の足踏みをしていたものです。さすがに私も少しは歳を取ったのかもしれません。大阪拘置所に移ってからは六千歩以内に抑えました。

健康管理を意識することで、自分だけの生活リズムをつくっていこうと最低限の努力は怠らなかったつもりです。

先述したマンデラさんも、あるいは歴史上名を残した革命家の多くにとっても、獄中は自身を育てる学校でもありました。私もそれに倣うしかないと考えていました。

無政府主義者の大杉栄は、入獄するたびに一つの外国語をマスターするといった〝一獄一語〟を自身に課していたといいます。

私はとにかくこの機会に、幅広い知識と見識を身に着けたいと思いました。

ですから拘置所では食事の時間以外、ひたすら読書に没頭することにしました。

これに関しては組合員の仲間や支援者の方々に心から感謝しています。たくさんの本を差し入れてもらいました。

勾留中に読んだ本は、おそらく七〇〇冊を超えていたのではないでしょうか。読書が勾留生活を支えてくれたといっても過言ではありません。

小説、評論、エッセー、ノンフィクション。ジャンルを問うことなく手にしました。

勾留中であるからこそ手にしたくなるのが、いわゆる長編大作です。普段は少しばかり躊躇してしまう分野ですが、こうしたときこそ読破するチャンスではないですか。

たとえば、海音寺潮五郎の『西郷隆盛』などは全九巻、一巻につき四〇〇ページの大作ですが、あっという間に読み終えてしまった。塩野七生さんの『ローマ人の物語』も全一五巻ですが、少しも長いと感じませんでした。

角田光代さんの『源氏物語』もよかった。同書は角田さんによる〝現代語訳〟なのですが、物語の面白さもさることながら、実は不思議な仕掛けがあるのです。初版本限定とのことですが、お香が匂う〝特製しおり〟が付いているのです。後に知ることができましたが、京都の老舗お香専門店とコラボレーションしたものだそうです。この香りにものすごく癒されました。まさに姿婆の香りです。無機質で簡素な〝檻〟で毎日を過ごしていると、匂いにも敏感になるのです。物語に没頭するうえでも、これは非常に嬉しく感じました。

読んだことがある本でも、あらためて目を通せば違った風景が見えてくることもあります。三浦綾子さんの一連の著作、『氷点』や『塩狩峠』などからはヒューマニズムについて考えましたし、マーガレット・ミッチェルの『風と共に去りぬ』からは、米国の南北問題や人種差別について想像を働かせました。

ヴィクトール・フランクルの『夜と霧』は、これまでに何度も読んでいますが、今回も必読書でした。心が揺れているとき、不安が襲ってきたとき、あるいは気持ちが高揚して眠ることができないときなどは、同書を読むことで心を落ち着かせることができました。

勾留中、常に泰然としていられるわけではありません。関生支部はいまどうなっているのか、権力は次に何を仕掛けてくるのか、不自由を強いられる勾留生活のなかでは、余計に不安も募ります。弾圧による組合員の減少も耳に入っていましたから、落ち着かないわけです。一緒に苦しみながら闘ってきた仲間を失うと、悲しくてたまらない。また、これまで懇意にしていた中小企業の経営者も、やはり、どんどん離れていったと聞きました。

悔しい。やるせない。そして怒りや憎しみが沸いてくる。

そのせいか、ちょっとしたことでイラついたり、気持ちが乱れてしまうことだって少なくありません。また、裁判の前日などは、傍聴に来てくれる仲間の顔を思い出しただけで舞い上がってしまい、興奮して眠れなくなることもありました。

そんな時、『夜と霧』に目を通すのです。

収容所で死を待つだけのユダヤ人の心境が痛いほどに伝わってきます。次にガス室に送られるのは自分かもしれないという恐怖と毎日闘っているのです。

それに比べて自分は何なのだ。ちょっとしたことで気持ちを乱し、感情の振幅もコントロールできないなんて、実に恥ずかしいことではないか。自分はなんて甘ちゃんなんだ。そう考えることで、平常心に戻ることができました。

別に明日、死ぬわけでもありません。収容所のユダヤ人にくらべれば、あるいはマンデラさんや戦前の共産主義者と比べれば、私は恵まれた境遇にあるはずです。

確かに権力は許せない。組合つぶしの策動も許せない。ただ、ちょっとしたことでイラついてしまう自分自身の小ささみたいなものを考えると、本当に恥ずかしくなるのです。

この程度のことで「辛い」「苦しい」などと弱音を吐いてたまるか――『夜と霧』はそうした気持ちにさせてくれました。

私にとって留置場も拘置所も、ある種の試練だったのかもしれません。もちろん弾圧は絶対に許せませんが、私はそんな場所でも、枯れることはなかった。

これは〝敵〟にとって、最大の誤算だったと思います。

少しも諦めていない。くじけてもいない。

樹木は風雪に耐えてこそ、強靭に育ちます。長期の勾留生活で、私は十分な養分を得ることができました。

そして、時間をかけて反撃の準備をすることもできたのです。

大阪拘置所から保釈されたその日、深夜の湿った空気を深く吸い込みながら私は誓いました。

絶対に後退してなるものかと。

## なぜ私は逮捕されたのか

二〇一八年八月二八日の早朝――私は恐喝未遂の容疑で逮捕されました。他に副委員長の湯川君と執行委員の組合員が一緒に同容疑で逮捕されています。

もしかしたら自分の身辺に何か起きるかもしれないといった不安も、予測も、その時点までまったくありませんでした。

私はいつも朝の六時過ぎには大阪市内の組合事務所に入ります。もともと朝型の体質なのです。早いうちから出勤し、午前中のうちにデスクワークを片付けてしまうのが長年の習慣としてからだに染みついています。午後から夜にかけては各方面との折衝や交渉、打ち合わせや会議などが詰まっていますから、落ち着いて仕事のできる時間は午前中しかないのです。

この日も六時に事務所に入り、いつものように事務所三階の執務室で書類の整理から始めました。机に向かって一五分も経過した頃でしょうか、突然に階下から足音が響いてきました。ドドドドドッ。大勢の人間がなだれ込んでくる感じの荒っぽい足音です。

私服の刑事たちでした。彼らは私の部屋に入るなり、滋賀県警の捜査員であると名乗りました。

そのうちのひとりが「ほら、逮捕状が出ている」と、私の目前で一枚の紙片を掲げます。恐喝未遂容疑。まったく想像したことのない容疑でした。

その場ですぐに手錠をはめられました。長い勾留生活はそこから始まったのです。

ちなみにこの日の逮捕容疑について、新聞は次のように報じています。

〈関西生コン委員長　恐喝未遂容疑逮捕　滋賀県警

滋賀県警は二十八日、湖東生コン協同組合（同県東近江市）の加盟業者の生コンクリートを購入するよう商社の支店長を脅したとして、恐喝未遂の疑いで、全日本建設運輸連帯労働組合関西地区生コン支部執行委員長武建一容疑者（76）＝大阪府池田市＝を逮捕した。逮捕容疑では、東近江市で実施された工場増築工事で使用する生コンを巡り、湖東生コン協同組合の関係者らと共謀し、昨年三月から同七月にかけ、大阪市の商社の男性支店長に組合の加盟業者と契約するよう要求。断られたため「大変なことになりますよ」などと複数回迫ったとされる。（後略）〉
（『中日新聞』二〇一八年八月二八日）

後述しますが、これは警察が描いたストーリーをそのまま記事化したもので、事実とはまったくかけ離れています。

また、記事では触れられていませんが、私を逮捕したのは滋賀県警の組織犯罪対策課です。同課は文字通り、主に暴力団犯罪を担当するセクション。通常、労働組合を監視しているのは警備部などの公安セクションですから、これは極めて異例なことです。つまり、労働組合に関する案件に、ヤクザ担当が乗り込んできた。

滋賀県警がどのような〝視点〟で私たちを捉えているのか、よく理解できるではありませんか。労働組合もヤクザも同じように見ているわけです。こうした警察側の〝視点〟に丸乗りしたメディアの一部は、私のことを「生コン界のドン」などと形容しました。まるでヤクザの親分扱いです。

さて、手錠をはめられた私は、前後左右を刑事に囲まれ、そのまま事務所の外に連れ出されました。

玄関付近では、ジュラルミンの盾を構えた機動隊員が群れを成して警戒に当たっています。労組の委員長を逮捕するためだけに、どれだけの人員を集めたのでしょうか。まさに〝大捕り物〟です。

報道各社のカメラも待ち構えていました。早朝にもかかわらずこれだけの報道陣が集まったということは、前夜に警察からのリークがあったのでしょう。よくあることですが、連行シーンを撮らせるための、警察側の〝サービス〟です。

こうしたときに困るのは、どのような顔をカメラに向ければよいのかということです。私は何も悪いことをしたつもりはありません。あまりに理不尽な逮捕です。しかし、カメラの前で怒ったり、あるいはあまりに堂々と胸を張ってしまうと、いかにも〝悪人〟のように映ってしまう。かといって下を向いたり、しょげかえった表情を見せてしまえば、自身の罪を認め、反省しているかのようにも受け取られてしまいます。

短い時間であれこれと考え、ここは普段通り、何事もなかったように、あえて表情をつくることなく、淡々と連行されようと決めました。

後になってテレビニュースの映像を見たのですが、やはり〝悪人〟のように映っていたのは、もう仕方のないことです。どのような表情であろうと、世間では逮捕＝犯罪者なのです。逮捕された時点で〝悪人〟の印象を与えますし、たとえ後に無実が証明されようとも、一度押された烙印はなかなか消えることがありません。両手に手錠をはめられ、無表情のままに捜査車両に押し込まれる私を見て、「ふてぶてしいやつ」だと感じた人もいたと思います。一部メディアが報じた「生コン界のドン」そのままじゃないかと思われたかもしれません。そして偏見が印象を上書きします。労働組合の委員長が「生コン界のドン」に変換されたことで、人々の記憶に焼き付いてしまう。本当に許しがたいことです。労働運動、市民運動の仲間たちからは「警察発表に依存した偏向報道だ」といった抗議も相次ぎましたが、しかし、そうした声は〝事件報道〟のなかに反映されることはありません。

私を乗せた捜査車両は大阪から滋賀の大津警察署に向かいました。約一時間の道のりです。私は後部座席の中央に押し込まれ、両脇を刑事に挟まれます。

車中で私は抗議しました。

「ひどいことをするもんだ。なぜ私を逮捕しなくてはならないのか」

すると刑事のひとりがこう答えました。

「自分たちは覚悟を決めている」

覚悟？　それはいったいどんな意味なのか。もちろん、こちらが訊ねても今度は返答がありません。

大津までの道すがら、私は彼が口にした「覚悟」の意味を考え続けました。

おそらく、警察としても〝無理筋〟な逮捕であったことは自覚しているのでしょう。しかし、それでも立件しなければならない理由があった。考えられるのは「上」からの指示です。どんな手を用いても、関生支部をつぶす。それが、闘う労働組合を嫌悪する「上」の目的であることは間違いありません。そのためにはヤクザ対策の捜査員を動員してでも、事件を〝つくる〟ことが必要だった。

つまりは国策捜査です。

ただ、目的だけが優先されると、どうしても手段が荒っぽくなります。でっち上げや拡大解釈を重ねなければなりません。火のないところに煙をたてるのですから、正義も疑念も振り切ってしまう必要があります。事件を「つくる」とは、そういうことなのです。

そのために必要なのが「覚悟」なのでしょう。

思考を停止し、正しさを捨て去り、言われるがまま目的に向かう。批判や非難、抗議があることも織り込み済みであったはずです。「覚悟」だけで彼らは国策捜査を乗り切ろうとしたに違いありません。

その〝無理筋〟な事件をここで振り返ってみます。

実は、この逮捕劇には前段がありました。

その前月（二〇一八年七月）、前出記事のなかにも登場する湖東生コン協同組合の理事長・副理事長らが、やはり恐喝未遂で逮捕されています。

滋賀県東近江市で清涼飲料水メーカーの倉庫建設工事を受注したゼネコン、フジタに対し、生コンを同協同組合から購入してほしいと理事長が働きかけたことを、警察は恐喝未遂だとして立件したというものでした。

いったい何が問題であるのか、よくわからない人も多いと思います。当然です。生コン業者によって組織された協同組合が、ゼネコンに対して「ウチから生コンを購入してほしい」と依頼するのは、通常の営業活動ではないですか。

一方、フジタは協同組合に加盟していない業者（いわゆるアウト業者）からの生コン購入を進めていました。アウト業者の生コンは品質や安全性の保証が不十分なので、本来、問題とすべきはこちらの方です。

生コン業界は、各地で協同組合を組織し、共同受注・共同販売によって、業界の健全化に貢献してきました。これは、力関係で圧倒的に有利な立場にあるゼネコンとの間で、対等な取引関係を築くためです。個社がそれぞれバラバラに受注合戦をおこなうと、またたくまに生コンは値崩れを起こし、当然ながら品質にも影響が出てきます。「安かろう、悪かろう」の生コンが流通すれば、建造物の安全性まで損なわれてしまいます。

だからこそ不当なダンピングを排して適正な価格を維持し、品質と安全性を確保するためにも、中小企業が団結した協同組合の存在は、建設業界にとって必要不可欠なものなのです。

ところが、フジタは工事費用を安く抑えるためなのか、協同組合に加盟していないアウト業者から安値で生コンを仕入れようとしたのです。

こうしたことを認めてしまえば協同組合が崩壊しかねません。しかもフジタは大企業です。大企業の利益のために、適正価格と安全性を犠牲にすることは許されないはずです。

私たち関生支部は、生コン業者が協同組合を組織することを積極的に支援してきました。湖東生コン協同組合とも長きにわたって協力関係にありました。業界で働く労働者のためであり、同時にそれは業界全体の利益になると考えているからです。もちろん品質と安全性を考慮すれば、消費者の利益にもつながります。

安値で仕上げようとする現場では、何らかの問題があることは、これまでの事例から見ても明らかです。当然ながら、いくつもの法令違反が発見されました。たとえばフジタの工事現場では、その場で処理すべき汚水や汚泥が側溝に流れ込んでいました。これは近隣に環境破壊をもたらす重大な法令違反です。これをフジタに指摘し、是正を申し入れました。水源として知られる琵琶湖を抱えた滋賀県であれば、なおさら重要な指摘であったと思います。

こうした活動を私たち関生支部では「コンプライアンス（法令順守）活動」と呼んでいます。

警察側は、協同組合から生コンを購入してもらうための営業活動と、コンプライアンスを順守するよう働きかけたことを「恐喝未遂」だとし、事件をつくりあげたわけです。

関生支部の「コンプライアンス活動」は、これまでにも行政や、ときに警察とも連携しておこなってきました。工事現場の安全を守るだけでなく、そこで働く労働者の命も、そして地域の人々の生活をも守るべきだと考えているからです。

だからこそ生コン労働者を組織する関生支部と、中小企業の経営者によって構成された協同組合は、共に大手企業と交渉をおこない、業界健全化のために闘ってきました。

実際、私たちは多くの成果を収めてきました。生コン価格を適正水準にすることで、労働者の賃金をも引き上げました。「安かろう、悪かろう」の生コンを排除し、品質管理、安全性向上にも努めてきました。

日本の建設産業は典型的な多重構造で、下請け、孫請けと進むほどに待遇も環境も劣化します。いわば、分断政策によって、弱い立場にある者ほど搾取される仕組みとなっているのです。労働組合は待遇改善を勝ち取りながらも、業界全体の利益を考え、搾取され苦しんでいる中小企業と手を携えて、大企業の支配と闘っていかなければなりません。

要するに搾取しやすい構造が壊されることを、大企業も権力側も、恐れているのです。労働運動と中小企業が手を結び、闘うことを、何があっても阻止したいと考えているのです。

そのために用いられたのが国策捜査なのでしょう。

弾圧そのものが目的化された捜査に、こちらが協力する必要などありません。

私は大津警察署に連れていかれてからも、黙秘を貫きました。

相手が警察官であろうが検察官であろうが、私は話をする気などありません。私の態度を見て向こうも諦めたのか、事件について聞かれることはほとんどありませんでした。

ある検事は、せめて世間話でもできないものかと穏やかに近づいてきましたが、私はあえてこう〝宣言〟しました。

「私は世間話にも応じるつもりはない。あなたが私に話しかけるのは勝手だが、石に向かって話していると思いなさい。私は何も言いません」

さすがにこうまで言われてしまえば、返す言葉も出てこないのでしょう。三〇分間も経たずに取り調べは終了してしまいました。

いまだから打ち明けますが、実は、黙秘というのは取り調べる側もつらいとは思いますが、こちらもけっこうつらいものです。世間話くらいは、本当はしたくなる。

あるとき、また別の検事が、こう話しかけてきました。

「私の父は武さんと同じ歳です。実は、その父が病に倒れ、今日から入院することになりました。武さんは年齢以上に元気に見えますが、その秘訣は何なのでしょう」

少しばかり気持ちが揺れました。あんたも大変やなあ、お父さんも無事に退院できたらええなあ。本当はそんな言葉くらい、かけてあげたい。元気を保つために必要な私の健康法を教えてあげたくもなる。

ですが、私は一切、口をききませんでした。黙秘を貫くと決めた以上、口を開いたら負けなのです。

だから多くの場合、取調室ではにらめっこが続きます。私はこれで負けたことがない。相手はじっと私の目に焦点を合わせてにらんでくる。私はにらみ返す。絶対に目をそらしません。こうしたときこそ、負けてたまるかという気持ちになる。相手が目を背けるまで、私はひたすらにらみ続けます。

こんなことを繰り返していくうちに、相手も諦めてしまうものです。

そうしたわけで、私の場合は警察からも検察からも、一切の調書を取られていません。

しかし、日本の司法制度はひどいものです。

結局、検察のシナリオに沿った供述がなければ、保釈されることがないのですから。

どんな微罪であっても、あるいは無実であっても、黙秘したり否認する限りは、まったく自由が認められることがありません。まさに人質司法です。黙秘は権利として認められているにもかかわらず、です。長期間の身体拘束や長時間の取り調べによる苦痛を自白獲得の手段として用いるのは、人権侵害以外のなにものでもありません。

私とはまったく立場の違う人ですが、たとえばカルロス・ゴーンさんも人質司法の問題点を訴えていました。日本の司法制度は国際的にも非難されるべきだと話していましたが、まさにその通りだと思います。

また、二〇〇九年には元厚生労働事務次官の村木厚子さんが「郵政不正事件」をでっち上げられ、逮捕されました。村木さんも否認を貫きましたが、起訴されて四回目の保釈申請が認められるまで大阪拘置所に一六四日間拘束されました。結果として無罪判決を勝ち取りましたが(当然のことです)、同時に、検察による証拠改ざんも発覚し、国を揺るがす大スキャンダルとなったのです。

このときもめちゃくちゃな捜査手法と人質司法が問題となりましたが、それでも制度はあらたまっていません。

今回の弾圧も、まずは長期勾留こそが目的化されていたはずです。権力の意図に沿わない限りは自由を奪われるという脅しです。

こんな脅しに屈するわけにはいきません。黙秘は私にとって無罪の主張でもあるのです。

しかし、国家権力は手をゆるめませんでした。以降、私は勾留中、六回に渡り逮捕が繰り返され、多くの組合員も逮捕されました。組合事務所は何度もガサ入れ（家宅捜索）を受けることになったのです。

## 協同組合の変質

二〇一八年一一月、今度は威力業務妨害で逮捕されます。その背景について説明しましょう。

その前年（二〇一七年）一二月、関生支部は全港湾（全日本港湾労働組合）大阪支部とともに、近畿一円で無期限ストライキを実施しました。生コンのミキサー車一〇〇〇台が止まるという大規模ストライキです。

私たちの要求は、生コン、セメントの輸送運賃値上げを求めるものでした。実は、運賃の値上げはもともと大阪広域生コンクリート協同組合（大阪広域協組）をはじめ、近畿各地の協同組合との間で約束されていたものでした。ところが大阪広域協組はこれを実行しようとしない。約束違反に対して抗議するのは当然です。

このストライキに対し、滋賀、京都、奈良、和歌山の各生コン協同組合、さらにバラセメント輸送協同組合など輸送関係の協同組合は「要求を受け入れる」旨を回答しました。

しかし最大規模の協同組合である大阪広域協組だけは何の回答も示すことはありませんでした。それどころか「ストライキは威力業務妨害」だとして我々を非難したうえで「関生支部を業界から一掃する」とまで宣言したのです。こんなバカな言い草があるでしょうか。ストライキは法で認められた労働者の権利です。要求のために労働組合がストライキを実施するのは当たり前のことではないですか。

先ほど、労働組合と協同組合はともに協力して業界健全化のために闘っていると述べました。我々にとって協同組合は重要なパートナーです。しかも大阪広域協組の設立には、関生支部も大きく関わっています。というよりも、関生支部が音頭を取って設立されたといっても過言ではありません。

ここで二〇一五年の生コン業者の大同団結についてふれておきます。生コン業者の大同団結で、大阪広域協組は大阪府下において、ほぼ一〇〇パーセントの組織率を達成しました。府内にはそれまで大阪広域協組以外には、阪神生コン協同組合、大阪レディーミクスト協同組合、さらには協同組合に所属しないアウト業者の勢力がありました。しかし不当な競争を避け、業界の安定化を図るために関生支部も協力し、これらが大阪広域協組に加入するよう働きかけました。

組織統合のために、関生支部は相当の努力をしてきたつもりです。一致団結できなければ価格競争が進行して共倒れになるかもしれない、みなで協力して生コン価格の値戻しを実現させようじゃないか。各勢力に向け、そのように説得を重ねました。その成果もあり、すべての勢力が大阪広域協組に合流することで同意し、どうにか組織統合することができたのです。何度も繰り返しますが、我々は常に業界全体のことを考えています。ときには労使の枠を超え、経営者間の対立にも割って入る。それが結果として業界全体の底上げになると信じているからなのです。

この年、組織統合が実現しました。

それまで乱売合戦によって一立方メートルあたり一万円を割っていた生コン価格は、これによって同年一万一八〇〇円にまで回復します。さらに一七年にはなんと一万五八〇〇円にまで上昇しました。関西の生コン業者はかつてない大幅な利益を計上することになりました。今日では一立方メートル当たり平均して二万一八〇〇円まで上昇しています。

まさに私たち、労使双方が望んでいた結果を得ることができたのです。不当な安売りを抑制し、適正な利益を計上することができれば、生コン業界で働く労働者の賃金も上がるし、生コンの品質向上にも役立つことになる。私はそう信じていました。

こうした状況を背景に私たち関生支部は、一六年春闘以降、運賃引き上げを要求、また、非正規雇用労働者の正社員化などを求め、労使協定を締結させたのです。

ところが大阪広域協組は、いっこうに約束した労使協定を履行しようとしない。前述したとおり、京都、奈良、和歌山の協同組合は要求受け入れを表明しましたが、大阪だけが唯一、私たちの声を無視するのです。それどころか、これまでの協力関係から掌を返したように、関生支部の「排除」を主張するようになりました。

大阪広域協組がなぜ「関生排除」を言い出すようになったのか。

大阪広域協組の体質が変化したからです。

背景には、協同組合と労組の〝協力関係〟を嫌う大手セメントメーカーなどの圧力もあったと思います。

協同組合は本来、独立した組織です。大企業からの支配に抗し、中小企業の利益を守るために組織されたものです。ですから大企業とは時に利害がぶつかることだってあります。だからこそ弱い立場にある者同士が団結する必要があるのです。

ところが一六年に広域協組の理事が一新されたことに伴い、そうした理念が希薄となってしまいました。一部の大手セメントメーカーの意のままに動くような経営者たちによって、協同組合が単なるセメント販売の手段として利用されるようになってしまったのです。

そして、労働組合を敵視するようにもなりました。

考えてもみてください。業界が潤った。労働組合の協力もあり、不当なダンピングもなくなった。これに対し、増収分を人件費に回したり、労働環境の改善に費やすのは当たり前のことです。私たちはそれを主張し、協同組合もそれに同意した。にもかかわらず、後になって約束を反故にしたわけです。

約束不履行に対して労働組合がストライキで応じるのは当然の権利ではないですか。憲法二八条は労働者の団結権、団体交渉権、団体行動権（いわゆる労働三権）を保障しています。そのうえ労働組合法ではストライキなど団体行動権の行使は刑事罰の対象にしないと定められている。

にもかかわらず、このゼネストが威力業務妨害だとされてしまったわけです。警察などは、私たちがストライキ協力の要請をおこなったセメント出荷基地での行動に関しては、「労使関係がないにもかかわらず出荷を妨害した」としています。

関生支部と全港湾大阪支部が呼びかけ、実施したのはゼネラルストライキです。関生支部は関西の生コン業界を横断的に組織する産業別労働組合（産業別労組）ですから、すべての工場でストライキに協力を働きかけるのも当然です。こうした団体行動はすでに二〇年以上も前からおこなってきましたし、実際、多くの生コン工場や出荷基地ではこうした活動に協力的でした。

しかし、のちに事件とされた現場には、スト開始前から大量の警察官が配備され、ものものしい雰囲気でした。おそらく最初から〝仕掛け〟を考えていたのでしょう。

関生支部の組合員は、車両の運転手にスト協力を要請する声かけをしたり、ビラを渡そうとしただけです。これが威力業務妨害に問われたのです。

しかも動員された警察官たちは、このときはただ黙って見ていただけです。法律に違反する行為があったというのであれば、なぜその場で逮捕しないのでしょう。いったい、警察官は機動隊車両まで用意しながら、その場で何をしていたのでしょう。しかもこの件で組合員や私が逮捕されたのは、実に「事件」から九か月後のことなのです。現行犯で逮捕できないような案件だからこそ、「事件」に仕立てるための準備が必要だったのかもしれません。

ところで「事件」の現場となった出荷基地は関生支部との労使関係がなかったからと、あたかも「要請行動は妨害行動」であるかのごとく〝解説〟する向きもありますが、それは産業別労組のあり方を知らない物言いにすぎません。

産業別労組は業界全体のために活動します。企業の枠を乗り越えます。個別の企業に問題があっても、業界内の労組全体で対応します。たとえひとりの不利益であっても、それは全体の不利益に繋がるという考え方です。また、個別企業の問題は、業界全体の問題でもあります。いわゆる「企業別組合」だけでは解決できないこともあるのです。

かつて水俣病が社会問題となったときのことを思い出してください。水俣病の原因は、チッソ水俣工場が廃液として海に垂れ流した有機水銀です。それによって汚染された魚を地元の人が食べたことで、多くの被害者が出ました。

本来であれば、こうしたときにこそ労働組合が率先して自社の責任追及に乗り出すべきです。ところがチッソ労組は何もしなかった。いや、それどころか「会社を守るため」と称して、責任追及を放棄した。社会的問題に取り組むことなく、会社防衛に徹したのです。結果的に公害問題を闘う多くの市民運動を敵に回しました。労働組合の旗は、地域の人々を排除し、被害者を放置し、会社を守るために振られたのです。

こうしたことは何もチッソに限定されたことではありません。日本の大手企業では、不祥事を起こしても、自社の労組に責任追及されることはほとんどありません。労組には自分たちの雇用さえ守られればいいという考え方が浸透しており、労組が社会的存在であるといった自覚がまるでないのです。

それが企業別労組の問題点ではないでしょうか。会社の飼い犬である限り、内部告発だってできない。また、正社員中心主義ですから、パートの人を始めとする非正規雇用の労働問題にも熱心になれない。企業別労組は基本的に正社員以外の組合加入を認めていません。

一方、産業別労組は個社の利益よりも業界全体の利益のために闘います。いや、社会全体の利益がもっとも優先される。これが特徴なんです。だから内部告発もできるし、社会の利益のためには、たとえ自分たちの首を絞めることになっても、問題と対峙します。非正規の人々とも連帯します。

そうした観点から、私たちはいつも闘っているのです。このときのストライキも業界全体、あるいは社会の在り方まで考えてのものでした。

これも、なにが問題なのでしょうか。

もう一つ、この「事件」に言及させていただきます。私はこのストライキの現場にはいなかったのです。その場にいない人間が、なぜに威力業務妨害を問われて逮捕されなければならないのか。この場合の、私が行使した「威力」とは何なのか。

警察も検察も、私をゼネストの「計画者」だと指摘していますが、これはまさに「共謀罪」の適用と同じ意味を持ちます。実行に移された「犯罪」ではなく、計画の合意が罪に問われたのですから。

こんなことが通用するのであれば、ストライキどころか、労働組合のあらゆる活動が制限されることになります。

繰り返しますが、私たちは企業を「壊す」ためにストライキをしたわけではありません。

大阪広域協組が、生コン価格の値上がりによって生まれた利益を、少しも労働者に還元しないからこそ、立ち上がったのです。私たちはそれまで何度も大阪広域協組に対し、労働者の賃金を上げるよう要請しています。広域協組はそのたびに口約束は交わすものの、文書にして残すようなことはしないのです。そして、約束の実行を迫ると言を左右して逃げ回る。「ストライキだけはやめてほしい。必ず運賃（賃金）を上げるから」と繰り返すのです。最初から賃上げするつもりなどなかったのでしょう。

だから私たちはやむをえずストライキに入ったのです。

ストライキに踏み切った理由はもうひとつあります。それは大阪広域協組の「民主化」です。同協組は幹部たちによって私物化されており、内情はガタガタだったと言わざるをえません。先にも述べたとおり、協同組合とは相互扶助の精神によって成り立っています。これは協同組合法の第一条にも記されていることであり、組織の根幹でもあります。共同受注・共同販売が認められているのは、この理念が存在していることが条件で、それゆえに独占禁止法から適用除外を受けているわけです。

先述したように、大阪広域協組は地域の協同組合を吸収する形で、二〇一五年に組織統合しました。

ですが、その時点でけっして本当の意味での団結が生まれたわけではありませんでした。様々な思惑が絡み合い、利益配分をめぐって組織は揺れていました。というのも、統合前の各勢力が既得権益を主張し、公平なシェア配分ができなかったことにあります。

もともと大阪広域協組以外の各勢力は、安値で生コンを受注しシェアを伸ばしてきました。しかし組織統合された以上、公平にシェアを配分しなければなりません。ところが、広域協組以外の勢力はすでに契約済みの案件を抱えていたので、例外的に、それらを自分たちの利益にまわすことを認めたのです。

ところがこの不公平な配分が、いつまでたっても是正されない。それればかりか、これに異議を申し立てる業者に対し、恫喝で押さえ込みを図るような動きが出てきました。つまりが、一部幹部による強権支配が横行してしまったのです。

いつのまにか「相互扶助」の理念は消え去り、一部幹部の私欲によって協組が利用されるようになりました。特定の地域の業者にのみ仕事が回されるようなことも度々ありました。その利くせ労働者の賃金や待遇に関しては無関心を貫き、生コン価格が値戻しを果たしても、その利益でイタリア製高級車を購入する幹部も現われました。聞くところによれば数千万円もする高級車だそうですが、それを購入する前にまず、労働者の賃金を上げるのが筋ではないですか。経営者としての責任を果たすのであれば、あとはどんな贅沢をしようが私たちが関知することではありません。

ですが、労働環境の改善に尽くすわけでもなく、相互扶助の理念にも関心を寄せることはない、挙句の果てに、異論を申し出れば暴言と恫喝で抑え込む。こんなことが許されてよいのでしょうか。

私たちはこうした強権支配をあらため、協組が本来の役割を果たすこと、理事の肩書きを利用して利益誘導をしないことなど組織の民主化をもストライキ時の要求として掲げたのです。

そうした労組の動きが、一部幹部にとっては「邪魔」だったのでしょう。

協組の私物化を維持し、うるさい労組を黙らせるために仕組んだのが、一連の「事件」だったというのが、私たちの見立てです。

いや、それ以外には考えられません。

一七年一二月のゼネストは、まさにこうした理不尽に対する労組の抵抗なのです。

スト直後、大阪広域協組も素早く対応に動きました。

理事会を開催し、全会一致で「ストは威力業務妨害であり犯罪行為だ。全面的に立ち向かい、関生支部を業界から一掃する」との方針を打ち立てます。そのうえで「威力業務妨害・組織犯罪対策本部」なるセクションまで立ち上げました。暴力団対策と見紛う名称ですが、あくまでもターゲットは関生支部です。私たちは暴力団扱いされてしまったのです。

なお、全会一致といいますが、実際には「逆らうことができなかった。とても異論をさしはさむことのできる雰囲気ではなかった」と、参加者の一部は私にそう伝えています。

そのうえで広域協組は関生支部が多数を占める工場、生コン輸送会社を排除しようと試みるのです。関生支部と良好な労使関係にあり、執行部の強権支配にも抵抗していたある生コン業者は、仕事の割り当てを奪われたうえに広域協組から除名されています（後に仮処分事件において、除名無効の判断が示され、仕事を割り当てるよう命じる仮処分決定が出された）。協組加盟企業が震えあがるのも当然でしょう。広域協組執行部に逆らったら、仕事がなくなってしまうのですから。

また、広域協組は加盟全社に対して「連帯（労組）との個別の接触、面談、交渉はお控えください。違反した場合は厳正に対処します」といった内容の通知を配布しています。完全な不当労働行為です。しかも、この恫喝めいた通知書にはごていねいにも広域協組が設置した「組織犯罪撲滅対策本部顧問弁護団」の一覧表も添付され、元大阪地検特捜部長、元最高検検事、元大阪弁護士会会長らの氏名と前職が記載されていました。通知の〝効力〟にお墨付きを与えるためなのでしょう。

特定の労組との交渉を業界団体が禁じるなど前代未聞です。しかもその業界団体、すなわち広域協組は、私たち関生支部の協力によって組織化されたものなのです。

先述したように私は「生コン界のドン」などと悪意を持って伝えられていますが、こうした業界トップの動きを止めることさえできませんでした。広域協組の一方的な攻勢と強権支配に、防戦を強いられるしかなかったのです。

ゼネストから一か月後の一八年一月、広域協組は臨時総会を開催しました。その場で広域協組の木村貴洋理事長はゼネストについて「労務問題ではなく犯罪行為」だとしたうえで、次のように発言しています。


「(関生支部対策として)一〇億円で足りなければ、二〇億、三〇億と用意する決意でございます」


カネを惜しむことなく、なりふり構わぬ対決姿勢を鮮明に打ち出したのでした。

また、広域協組は労組の分断にも乗り出しました。

関西の生コン業界には現在、六つの労組が存在します。私たち関生支部以外に活動しているのは、全港湾大阪支部、交通労連生コン産労、建交労関西支部、UA関西セメント労組、近畿圧送労組。

同じ業界で六つも労組が存在しているのは、ある意味不幸なことかもしれません。大企業による圧力や分断工作、政党やナショナルセンターの介入など、様々な要因がありました。それでも二〇一五年には、業界がまとまるのに労組が分断しているのはおかしいという声に応え、六労組で「関西生コン関連労働組合連合会」を結成しました。小異を乗り越えた労組の大同団結です。

同連合会は業界の労働環境向上のために議論し、政策立案し、同じ地平から発信を続けました。労働条件や政策課題などを経営者と話し合う際には六労組が同じテーブルにつき、集団で交渉にも臨みました。

連合会は一六年、広域協組に対して「六項目の提言」も示しています。これは広域協組の「変質」を危惧した各労組からの問いかけでもありました。労組への敵視政策をやめるよう訴えるだけでなく、広域協組の運営に関してもたとえば次のように訴えています。

〈組織運営において、「言うことを聞かない」者に対して罵詈雑言のみならず恫喝をおこなうなど暴力的発言で威嚇する行為は、協同組合の品位を汚すものであり今後かかることがないようにすること〉

こうした文言を見てもおわかりのように、一六年時点では、協組と労組の間には相当な緊張関係があり、同時に六労組が共通の危機意識を持っていました。

広域協組はこれに対して何の回答も示しませんでした。

さて、問題はゼネラルストライキが始まった時、一七年末に生じます。

広域協組は労組連合体への切り崩しに着手しました。執行部は生コン産労、建交労関西支部、UA関西セメント労組の三組合を呼び出し、ストへの不参加、関生支部との共闘解消を約束させます。

広域協組は加盟業者のみならず、労組をも恫喝、あるいは懐柔し、配下に収めたわけです。労組抱き込み工作を図った広域協組も問題ならば、それに応じる労組もまた問題でしょう。協同組合と労働組合――この二つの「組合」が、それぞれ理念も本来の目的も失い、迷走した挙句にたどり着いたのが、関生支部の排除だったというわけです。

こうしたことを背景に次々と「事件」がつくられていきました。

前述した滋賀や大阪の「事件」以外でも、関生支部からは数多くの逮捕者を出しました。京都府警は団交拒否に対する抗議行動を「強要未遂」として、さらには協同組合に対して破産企業の労働者の雇用保障を求める活動を「恐喝」に仕立て上げました。和歌山県警も、業者団体に対する抗議行動を「強要未遂」「威力業務妨害」として立件しています。

同事件など、もともとは関生支部が被害者であったはずなのです。暴力団関係者がうちの役員を付け回して襲撃したり、組合事務所付近を徘徊するなどの威嚇行為を繰り返しました。そこで、日ごろから暴力団との付き合いを誇示している業者団体役員に謝罪を求めて抗議活動をおこなったのですが、これが刑事事件として問われてしまったのです。迷惑をこうむったのは関生支部であるのに、おかしな話ではないですか。

こうしたことにより、関生支部は私を含めて延べ八九人もの逮捕者を出すことになったのです。私の逮捕は六回、副委員長の湯川君にいたっては八回も逮捕が繰り返されました。しかも許しがたいことに、警察・検察は多くの組合員に長期勾留を強いました。黙秘や否認をすると保釈も認めない。前述した人質司法の犠牲となったのです。

そのうえ多くの組合員は取り調べにおいて、労組からの脱退を迫られています。

ある組合員は逮捕された警察署で「組合をやめればよい方法を考える」「子どものためにもやめたほうがいい」などと繰り返しの〝説得〟を受けました。

また別の組合員は「黙秘すると釈放は無理だ」「そんな態度ならば近いうちに奥さんやご両親からも話を聞かないとならない」と警察で脅されています。

他にも「君も武委員長と同じ罪になる」「オウムのサリン事件では、事件現場まで車を運転していた人間も同じ罪になった」「他の人はもうなんでも話している」「奥さんが離婚すると言っている」など、およそ考えられるあらゆる脅し、恫喝、懐柔を警察は駆使しています。

警察側があらかじめ「組合脱退」を記した供述調書を用意しているケースもありました。そこには警察官の手によって「組合をやめます」「組合の弁護士を解任して国選に替えます」といった文言がありました。

もちろん検察も同様です。

「組合活動を続けていたらまた逮捕されることになる」といった脅しを受けた組合員もいます。こうした権力側からの脱退工作に耐えきれず、関生支部を離れてしまった仲間もいます。あるいは逮捕や弾圧への恐怖、職場での脅し、業界全体の関生排除によって、けっして少なくはない組合員がやめていきました。

しかし、これによっていったい誰がトクをしたというのでしょうか。

協同組合は強権支配され、本来の理念から遠ざかる一方です。

強力なカウンターパートである関生支部が弾圧されたことで、協組の腐敗を追及できる勢力も弱まってしまいました。

経営者の中にはこうした事態を批判的に見ている人も少なくありませんが、報復を恐れていまは何も動くことができません。

関生支部なくして、生コンの市況維持に力を発揮できる勢力もありません。生コンの品質向上、労働環境の安全性向上、労働者の待遇向上に務める労組もありません。いま、関西の生コン業界では私たちが弾圧されて以降、労働者の賃金が減少したほか、非正規雇用の割合も増えています。

本当の意味で喜んでいるのは、労働運動の力を弱めたいと願っている国や政権だけではないのでしょうか。

そして――業界的には、体質を後戻りさせ、労働環境を大幅に低下させただけでなく、取り返しのつかない〝爆弾〟までをも抱え込んでしまうことになりました。

私たちの前に姿を現した新たな敵――レイシスト（人種差別主義者）が暴れまくるのです。

## 労組破壊に加担したレイシスト

ゼネスト直後の二〇一八年一月八日。ＪＲ大阪駅前で、数十人の者たちによって、関生支部を攻撃する街頭宣伝がおこなわれました。

「(関生支部は）企業ゴロ！」

「いまどきストライキですよ！　みなさん、きょうびストライキなんか聞いたことありますか?」

「金を寄越せとストライキをやっているんです」

「組合というのは、社会のため、ひいては国のためにあるんじゃないですか?」

マイクを手にした者たちが次々と関生支部に向けた誹謗中傷を大声でがなり立てます。街宣場所には日章旗、旭日旗などが立ち並びました。

通行人に配布されるビラには〈タカリのプロ集団〉〈労働争議を騙って私腹を肥やすゴロツキの〝労組マフィア〟〉といった文字が躍ります。

さらには次のように声を張り上げる者もいました。

「人種的にはあっちの人間もぎょうさんおる。反日の団体です! たんなる寄生虫! 恐喝団体!」

もう、おわかりでしょう。右翼の登場です。いや、ただの右翼ではありません。彼ら彼女らの正体は、在日コリアンなどのマイノリティ排除を訴えているレイシスト集団でした。

集団を率いていたのは、瀬戸弘幸なる者でした。ご存知の方も少なくないと思います。かつては悪名高きレイシスト集団「在日特権を許さない市民の会(在特会)」の最高顧問を務め、現在は、同会の後継団体ともいえる「日本第一党」の顧問も務める人物です。

差別問題を追いかけているノンフィクションライターの安田浩一さんは、著書『ネットと愛国』（講談社）のなかで、彼についてこう触れています。

〈瀬戸は少年時代からヒトラーの信奉者だった。福島のリンゴ農家の生まれで、福島市役所職員を経て地元で右翼団体「憂国青年同志会」の会長に就任する。その後、ジャーナリストとしても活動しながら、「国家社会主義者同盟」の設立に関わった〉

この「国家社会主義者同盟」とはその名の通り、日本版のネオナチ組織です。ナチスのカギ十字旗（ハーケンクロイツ）を背にして演説する瀬戸氏の姿はネット上でも流布されているので、目にされた方もいるかもしれません。九〇年代には外国人排斥を訴え、カギ十字をあしらったビラを各所に貼りだすといった活動で知られていました。今世紀に入ってからも、在日コリアンや在日中国人を攻撃することを目的としたヘイトデモが各地でおこなわれていますが、そこにも深く関与しています。

よほどナチスが好きなのでしょう。過去には『ヒトラー思想のススメ――自然と人間を救済するナチス・ヒトラー世界観一二〇％肯定論』なる書籍まで出しています。一四年にはヒトラーの誕生日に合わせて「アドルフ・ヒトラー生誕祭」の開催を企画し、物議を醸したこともありました。この企画は世間の批判を浴びて中止に追い込まれるのですが、瀬戸氏は自らのブログで〈ハーケンクロイツの旗とヒトラー総統の肖像画を掲げ、ホルストベッセルのナチス党歌を流し、ワインで乾杯してナチス式の敬礼という、厳かな儀式として取り扱う予定でした〉と述べています。

ナチスの狂信者といってもよいでしょう。

こうした人物が、他にも元在特会の会員などを引き連れ、実施したのが関生攻撃の街宣だったのです。

実は、この街宣に参加していたのはこうしたレイシストだけではありません。

集団の陰に隠れるように、そこにはスーツ姿の数人の男たちがいました。

私がよく知っている者たちの姿でした。

大阪広域協組の木村貴洋理事長をはじめとする、同協組の理事たちです。

そう、つまり広域協組はこうした札付きのレイシストに「関生支部つぶし」の応援を依頼したのでした。

それにしても、何ということでしょう。ここに集まったレイシスト集団は、これまで各地で「朝鮮人は出ていけ」「殺してやる」などと叫びながらヘイトデモを繰り返してきました。なかでも東京・新大久保、大阪・鶴橋などの在日コリアン集住地域で繰り返したヘイトデモは、地域住民に対する「虐殺」を主張するなどして、大きな社会問題にもなっています。

街宣に参加した者のなかには、二〇〇九年に京都朝鮮学校に押し掛け「スパイの子ども!」などと差別街宣をおこない、威力業務妨害で逮捕された者もいます。

マイノリティの排除や差別を堂々と掲げ、ときに殺戮まで煽るレイシスト集団など、社会的に許されるわけがありません。こうした連中がヘイトデモを繰り返したことは国会や国連の人種差別撤廃委員会などでも問題視され、一六年にはヘイトスピーチ解消法が施行されてもいます。いわば社会悪として認定されたも同然の集団なのです。

しかし、そうした連中と平気で手を組むのが、現在の広域協組の姿でもあるのです。

広域協組はこれに先立つ一月五日、木村理事長名で、この街宣に「積極的に参加」するよう、指示文書を加盟各社に送付していました。右派や保守派にシンパシーを持つ経営者などいくらでもいるでしょうが、わざわざレイシストの街宣に参加するよう呼びかける業界団体など、他にあるでしょうか。

さらに街宣翌日、広域協組は自らのホームページに次のような「報告」を掲載しました。

〈一月八日(月)一三時ヨドバシ梅田前にて、瀬戸弘幸氏による街頭演説が行われました。

雨模様にもかかわらず、たくさんの方々が足を止め、聞き入っておられました。

そして、私たち協同組合の関係者も、瀬戸幸弘氏及び関係者の皆様による力強い言葉に感銘を受けました。

大阪広域生コンクリート協同組合は、この連帯関西地区生コン支部に関する問題に決着をつけるという決意を新たにすると共に、今後も、瀬戸氏の活動を全面的に応援していく所存です〉

そのうえで街宣の模様を録画した映像のURLを貼り付けました。

恥も外聞もないとはこうしたことを指すのではないかと思います。ナチス信奉者であるレイシストとの共闘に、少しの躊躇もなかったのでしょうか。いったい、レイシストのどんな言葉に「感銘を受けた」というのでしょう。

以来、このレイシスト集団が、常に私たちの前に姿を見せるようになりました。

瀬戸氏をはじめ数人の活動家が大阪に拠点を移します。宣伝カーを広域協組から与えられ、関西各地で「関生糾弾街宣」を繰り返しました。おそらく活動費も広域協組から提供されているのでしょう。愛国心だの国益だの主張したところで、しょせんは「ひも付き」の活動なのです。

私もこれまで、数多くの右翼やヤクザと対峙してきました。ナイフで脅されたり、ヤクザに拉致監禁されたこともあります。私にとっての労働運動の大半は、こうした暴力装置との闘いに費やされました。

ですから右翼の登場自体は驚くようなことではありません。ですが、これまでの右翼と違うのは、ヘイトスピーチを駆使するレイシストだったことです。しかもこの連中はネットの使い方にも長けていました。

誹謗中傷、デマ、差別と偏見をちりばめた文言をネットに書き込み、関生支部への攻撃を扇動しました。たとえばSNSでは私や関生支部に対する悪質なデマ書き込みが相次いでいるばかりか、私たちの抗議活動も勝手に撮影され、批判的なナレーションが付いた状態で動画サイトに投稿されています。

労働運動やマイノリティに対する攻撃的な社会の空気も相まってか、それらはすさまじい勢いを持って〝拡散〟されました。

ネット情報はレイシスト仲間だけで共有されるわけではありません。私たちの主張を調べたいと思う人までもが、圧倒的な量のネガティブ情報に触れることで、いつしか関生支部への偏見を持ってしまうこともあります。ネット上で検索すれば、私たちの活動を貶めるような情報ばかりがあふれているのですから。

取材力のないメディアもまた、こうしたネット情報に振り回されます。

ネットに書き込まれた「虚像」を何ら懐疑することなく鵜呑みにし、おどろおどろしい記事を垂れ流しました。

私のことを「ドン」と形容し、まるでヤクザの親分のように描いたのは、日ごろから労組を目の敵にしている『産経新聞』だけではありません。

たとえば、一部ではリベラルだと思われている『朝日新聞』もまた、ネット媒体を用いて私を「ドン」と称したうえで、偏見に満ち満ちた記事を掲載しました。

こうした記事では、いったい関生支部の活動のどの部分が「違法」「不当」であるのか、まったく書かれていません。警察発表そのままに、逮捕事案を記すだけです。

団体交渉に応じない経営者に抗議したり、不当労働行為を追及したり、要求を掲げてストライキすることの、なにが問題なのか。具体的な「問題点」は何も示されていません。

こうしたメディアの姿勢も、結局はレイシストの思惑どおりに進んだことになるのでしょう。情報源がネットの与太記事とは、新聞記者も堕ちたものです。

こうした〝ネット攻撃〟と同時に、レイシスト集団は悪質な街宣も繰り返しました。

広域協組から提供された大型の宣伝カーを用いて、関西各地で関生支部攻撃の活動を展開しました。

同年一月一六日には大阪市役所前で街宣をおこない、そのあとは市内の繁華街で宣伝カーを走らせながら「関生支部は〝たかり屋〟」などと声を張り上げました。その後も私たちと関係の

レイシストと行動を共にする大阪広域協組執行部（2018年3月、和歌山）

ある国会議員の事務所をはじめ、関西各地にも足を運んで街宣活動を活発化させました。

同月二二日には関生支部の事務所（大阪市西区）にも彼らは姿を見せました。

宣伝カー二台、マイクロバスなどで乗り付けた面々による〝襲撃〟です。

連中は制止する組合員を振り切り、あるいは押し倒し、事務所内への突入を計りました。

「ぶっ殺すぞ！」「武建一に合わせろ！」

そう怒鳴りながら事務所玄関に押し寄せてきます。

実は、この襲撃現場にも広域協組の幹部たちが姿を見せていました。

高級車で現場に乗り付けた彼らは、レイシスト集団の蛮行を嬉しそうに眺めていました。

副理事長の地神秀治氏にいたっては、レイ

シスト集団と声を合わせて「ゴミ！　ひっこめ！」とヤジを飛ばしていました。同じく副理事長の大山正芳氏も「ひっこめ、チンピラ！」と調子を合わせます。

もはや広域協組もレイシストと一体化したような風景でした。

しかもレイシストとともに事務所突入を計った一群の先頭にいたのは、広域協組の職員でした。

こうした蛮行は組合事務所だけではなく、各地の生コン工場でも続けられます。

労働争議がおこなわれている工場を見つけては、関生支部に対する抗議行動を繰り広げるのです。やはり街宣車などで乗り付け、組合員に向かって怒声、罵声を飛ばす。小突く。そして関生支部の車両を叩く。私たちの車両の屋根によじ登り、自らの尻を叩いてはしゃぎまわるような者もいました。

そしてその場には必ず、広域協組幹部の姿もあったのです。

彼らは日章旗などを振り回し、「愛国者」を自認しているようなのですが、こうした行動のどこが「愛国」なのでしょうか。私には差別や偏見を利用した単なる「嫌がらせビジネス」としか思えません。

実際、レイシスト集団のひとりは、組合員に向けて次のような言葉も発しています。

「いくらもらってるの？　高い給料払ってやろうか？　こっちに来れば迎え入れてやるよ」

自分たちがカネをもらっているのだから、すべての運動体はカネで動くものだと思い込んでいるのでしょう。まったくふざけた話です。

こうした事態に、多くのジャーナリストや学者、作家、弁護士などが危機感を持って立ち上がってくれました。

一八年五月、これらの人々が共同で広域協組に対する抗議声明を発表しました。

少しばかり長いのですが、以下に声明の一部を引用します。

〈レイシスト集団を利用する大阪広域生コン協組に抗議する著名人の共同声明

醜悪な〝癒着〟が問題となっています。

排外主義を主張し各地で外国人の差別を煽るデモを繰り返してきたレイシスト集団が、生コンの業者団体と密接な関係にあることが判明しました。

業者団体をスポンサーとしたレイシスト集団は現在、生コン業界における労働組合つぶしに加担しています。

私たちは、差別のない自由で公正な社会を願っています。そうした観点から、業界に寄生して利益を得るレイシスト集団も、レイシスト集団を〝傭兵〟として利用する業者団体も共に許すわけにはいきません。

企業がレイシズムの増長を流すような事態を、決して看過することはできないのです。

いま、あるまじき〝暴走〟が問題視されているのは、大阪府と兵庫県の生コン企業によって組織される業者団体「大阪広域生コンクリート協同組合」（広域協）です。

加盟一六四社を誇る日本最大の生コン協同組合であります。その広域協が、今年に入ってから労組対策を名目に、業界外部からレイシスト集団を招き入れました。

ナチスのシンボルであるハーケンクロイツの旗を公然と掲げ、振り回し、マイノリティを威嚇しながら、差別デモを主導してきた者たちです。

レイシスト集団は街宣車を使って、連日、連帯ユニオン関西地区生コン支部の事務所などに押しかけ、示威行動を行っています。

街頭で労組攻撃の宣伝活動をおこなうこともあります。広域協の役員をも帯同した活動は異様としか言いようがありません。

人間のつながりや地域、社会を分断するための活動に加担することは、協同組合の役割ではないのです。

私たちはマイノリティに対する不当な差別を絶対に許容しません。

差別に加担する企業家業者団体の存在も認めません。

「ヘイトスピーチ解消法」の理念に反するような動きを看過しません。私たちは自由で公正な社会を願っています。差別や偏見のない社会を望んでいます。そのために私たちは表現活動を行っています。私たちは差別をあおるいかなるを動きにも反対します。レイシスト集団の跳梁跋扈に、そこに肩入れする広域協に、強く抗議します〉

抗議声明の呼びかけ人には青木理さん、魚住昭さん、鎌田慧さん、中沢けいさん、佐高信さん、斎藤貴男さん、香山リカさんなどメディアで活躍される多くの方々が名を連ねています。

まさに、「企業とレイシストの醜悪な癒着」に、私も怒りをあらたにしました。

ですが、こうした者たちによる攻撃は、いまなお続けられているのです。

# 第2章

# 「タコ部屋」の過酷労働

# 私の生い立ち

一九四二年、私は徳之島（鹿児島県）で生まれました。奄美群島の中央に位置する離島の一つです。全国的には「闘牛の島」として知られています。海も空も美しい自然豊かな島ですが、昔も今も経済的には決して恵まれているわけではありません。サトウキビ農業や漁業以外にめぼしい産業はなく、島で生まれた人の多くが働き口を島外に求める状況が続いています。

私も例外ではありませんでした。

貧しい家庭で育ちました。母親が行商して私と姉、妹三人を含む家族の生活を支えていました。父親は何をしていたのかよくわかりませんが、当時米軍支配下であった徳之島と鹿児島間を商売で密航していたようです。遊び人のような人だったので、母親の苦労する姿ばかりが記憶に残っています。

母親は大きなかごに雑貨品を詰めこみ、それを背負って島内を歩き回っていました。おそらくたいした稼ぎではなかったと思います。

そうした環境ですから、私も中学校を卒業したらすぐに働きました。当時の徳之島では、それが当たり前でした。高校に進学できるのは島内でも比較的豊かな階層の子どもたちに限られていました。

私は島の土木会社や商店で働いた後、一九歳で大阪に出ました。

島を出るきっかけとなったのはリクルーターの勧誘です。

一九六一年でした。世の中は高度成長の勢いで沸いていました。都市部は空前の建設ブームにあり、人手不足が深刻な問題となっていました。そこで建設会社などは東北や九州、そして各地の離島にリクルーターを派遣し、貧しい暮らしを強いられている若者たちに声をかけていたのです。

私に声をかけてくれたのは島を出て大阪の生コン会社で働いていた先輩です。

素朴な島の少年だった先輩は、見違えるような〝紳士〟として私の目の前に現れました。

ピカピカに磨かれた革靴。スーツとネクタイ。そんな恰好をしている人など、島にはほとんどいません。

眩しかった。なによりも羨ましかった。島を出ると、こうした格好をすることができるのかと感心しました。島の子どもたちなんてまだ裸足で走り回っているような時代です。

先輩はわたしにこう告げました。

「おまえ、大阪に行ったらこうした背広も買えるようになるで」

貧困からの脱出を夢見ている少年にとっては〝殺し文句〟です。たかがスーツと革靴ではあったのですが、都会の豊かさというものを、まざまざと見せつけられたのです。心が動かないわけがありません。

夢想しました。高価な洋服を着ている自分を。そして、私の仕送りで裕福な暮らしを獲得した家族の姿を。

こうして私は島を出ることにしたのでした。

関西汽船に乗って、まずは神戸に向かい、そこから阪神電車で大阪に向かいました。

大阪は私にとって初めての大都会でした。

驚いたのは人の多さです。なぜこんなに人が多いのか。目が回りそうでした。人酔いというのは、こういうことをいうのでしょう。私がそれまでの人生で出会った人の数よりも多くの人が、わずか数分で私の前を通り過ぎていきました。信号機なんて設置されていないような島から出てきたわけです。大阪では歩くたびに信号にぶつかる。そして人の波が動いたり止まったり、まるで街全体が生き物のように風景を変化させます。こんな場所で生きていけるのだろうかと不安を覚えました。都会の喧騒と熱量に、ただただ圧倒されていたのでしょう。

私が入社したのは共同組という生コン会社です。輸送から製造までおこなう、当時の大阪では業界最大手ともいえる企業でした。一〇〇〇人以上の人を雇用していたと思います。

福島駅（阪神電鉄）の近くに五階建ての本社ビルがありました。これだって二階建て以上の建物を見たことのない私からすれば、とてつもなく大きな会社に思えました。

あのビルを見上げて、決意を固めた日のことは忘れません。一生懸命に働き、しっかり稼ぎ、そして島にいる家族に楽させてやるんだ。そう誓って、私は生コン業界に飛び込んだのです。

それから三年間は模範生そのものです。ただただ仕事に打ち込みました。酒も飲まない、たばこも吸わない。遊ぶことなんて考えもしなかった。仕事だけの毎日です。

無事故で勤勉という評価をもらい、会社から表彰されたこともありました。

故郷に錦を飾る——古めかしい言い方になりますが、しかし、私の頭の中にはそれしかなかった。六〇年安保で社会運動が活発化し、同時に豊かさが社会を華やかにしていました。娯楽が増え、若者たちは様々な形で青春を謳歌していました。

そんな時代にあって、私はただ汗まみれになって働くだけでした。それでいいと思ったんです。いや、裸一貫で離島から出てきた私には、仕事以外のことを考える余裕などありませんでした。

いや、正確に言えば、そんな余裕を与えるような業界ではなかったということです。

## 「練り屋」と呼ばれて

当時、生コン産業で働く労働者は〝練り屋〟などと呼ばれていました、ある種の蔑称でしょう。建設業界の中でも蔑まれていたのです。

実際、五〇年代まで生コンは「現場練り」が主流でした。袋詰めにされたセメントを工事現場まで運び、その場で骨材や水を加えて練り混ぜる。それをモッコで運んで打設するのが、生コン労働者の原初的な姿でした。〝練り屋〟という呼称はそうした時期に生まれたのです。

私が業界入りした六〇年代初頭からはプラントで生コン製造し、それを現場に輸送するといった現在の形式が定着するようになりましたが、それでも生コン労働者を蔑む風潮は消えませんでした。

生コン業界は「谷間の業界」とも呼ばれています。ゼネコンとセメント会社という大資本に挟まれ、その影響から逃れることができないという特性があります。

谷間とはすなわち、業界における格差、落差を意味するものです。

ゼネコンからは買い叩かれ、セメント会社からは高いセメント購入を押し付けられる。そうした二つの大資本の言われるがままに存在するしかなかったのが生コン業界でした。大資本の側からすれば、生コン業界など練ったり運んだりするだけの存在にしか見えなかったのでしょう。実際、どんな無理難題にも応えるしかなかった。そうすることでしか業界が生きる道はなかったのです。

このような力関係は労働現場に反映されます。

とにかく、今考えれば信じられないような環境の中で働いていました。

共同組に入社して、まず最初にやらされたのは運転手の助手です。いきなり運転手にはさせてもらえません。そもそも大阪市内の道もわかりませんから、運転しろと言われても困ってしまいます。島育ちの人間にとって、都会の道路は複雑すぎます。ですから袋詰めのセメントを運んだりするなど、ひたすら肉体労働をこなしました。

ようやく運転手となったのが入社してから半年後のことですが、それでも苦労が絶えませんでした。

当時のミキサー車はハンドルもクラッチも、ものすごく重たい。アクセルだって、思い切り踏み込まなければならない。運転するだけでも重労働なのです。体力がなく、しかも身長一六〇センチと小柄な私にとって、運転はセメント袋を背負って歩くのと同じくらいにきつかった。

いまとは違ってミキサー車には冷暖房もないわけです。特に夏場は炎天下に外で働く以上に消耗しました。昔のミキサー車は、車両前部と後部にそれぞれエンジンが付いていました。後部のエンジンはミキサーを回すためのものです。そのエンジンから発せられた熱が、運転していると前後から襲ってきます。まるでサウナの中で運転しているようなものです。

このような重労働なのに、一年のうち、決められた休みは三日間しかありませんでした。正月の三が日のみです。

入社当時は東京オリンピックを控え、全国でインフラ整備が急ピッチで進められていました。当然、仕事は山ほどあります。毎日がフル稼働です。

寝る暇もないほどに仕事に追われました。記録として残っているだけでも、私は毎月、二四〇時間の残業をこなしていました。いや、強いられていたと言ってもよいでしょう。断ることなどできないのですから。

しかも正社員ではありません。実際は日雇いなのです。ですから困るのは雨天の日です。生コンの打設は雨が降っていないことが条件です。雨が降った場合は仕事がありません。当然、その日の収入はなくなるわけです。普段は寝るひまがないほどに忙しいのに、雨が降れば失業者と同じ。梅雨の時期など、まるきり収入が途絶えてしまうのです。そう、まったくの無収入です。

生活環境も最悪でした。私は会社の寮、いや、タコ部屋ともいうべき場所で生活していました。会社が貸し切った文化住宅ですが、六畳の部屋に三人が押し込められました。

といっても、仕事が忙しい時はその部屋に帰ることすらできません。会社の中に設置された蚕棚のような二段ベッドで二時間ほどの仮眠をしただけで、あとは働きづめです。いまでも思い出すのは、明け方、寮長が寝ている労働者を起こすため、目覚まし時計代わりに叩くバケツの音です。枕もとでガンガンとバケツを打ち鳴らすのです。

そんな毎日ですから慢性的な睡眠不足にも悩まされました。運転していると眠たくてたまらない。疲労と睡魔との闘いです。居眠り運転で事故を起こす人も少なくありませんでした。

当時の生コン業界であれば、会社を問わず、同じような状況でした。

離職率が高かったのも当然のことです。

「生コンで働くのは腰掛だから」。多くの同僚が、そう口にしていました。腰掛、つまり、辞めることを前提とした職場ということです。ある程度稼いだら、バスやタクシーの業界に移る。そうした〝夢〟を多くの人が持っていました。

ちなみに同僚の多くは私と同じような地方出身者でした。九州、沖縄、四国、さらには東北や北海道からも来ていたと思います。また、地方出身者と同じくらいに目立ったのが自衛隊出身者です。生コン業界が地方と自衛隊の出身者を好んで雇用したのには、労務政策上の思惑もあったのでしょう。つまり、企業として使いやすい人材だったのかもしれません。ハングリーで、しかも権力に従順であること。要するに、文句も言わずに黙って働く者が好まれたのです。

そうでなければ、これほどまでに過酷な労働環境に耐えられるわけがないのです。

入社当時、会社に労働組合はありましたが、いってみれば完全な御用組合。形だけの労組でした。

そのころ、生コン業界にはまだ本格的な労働運動が浸透していません。運転手の職場を組織化した産業別組織・全自運（全国自動車運輸労働組合）は六〇年に結成されましたが、まだ極めて限定的な勢力でしかありませんでした。私が入社した六一年の時点では、大阪に三つの支部しか持っていません。

ただし、全自運も生コン業界の問題点に関しては十分に把握はしていたようです。

全自運大阪地方本部生コン共闘会議が六一年春闘において配布したビラには、次のように記されています。

〈生コン輸送労働者のみなさん

私たちの賃金は低く、長時間残業しないと生活に困ります。ある運転手は「昨年生まれた子どもを、明るいところで初めて見たら、歩いていた」と笑っていましたが、それほど、朝暗いうちから夜遅くまで働いて生活していたのです。

このような無理な労働は、自分の生命をすり減らし、ひいては交通事故の原因ともなります。〉

あまりに切実な要求ではありませんか。子どもの顔さえまともに見ることのできない生活を強いられていたのです。

## 労働運動に目覚める

入社の翌年、会社は共同組から三生運送に名称を変えました。この年、御用組合ではない、本物の労働組合が会社に誕生しました。

中心となって動いたのは勝又十九二さんという方です。北海道出身の元自衛官でした。社会主義に関する文献を読みこなすなど、そのころの生コン業界では珍しい、なかなかのインテリでした。

勝又さんは若手社員を中心とした学習会などを開催し、社会主義の知識を教えていました。この通称「勝又学校」を通してシンパの輪を広げ、同年の労組委員長選挙に立候補、会社推薦候補を破って当選するのです。

「労働者としての権利の獲得」という原則的なスローガンを掲げた勝又さんは、執行部を刷新すると同時に、すぐさま前述した全自運に加盟。〝闘う労組〟に舵を切りました。

実は私も「勝又学校」のメンバーではあったのですが、正直に告白すれば、熱心な生徒ではありませんでした。そもそも入社したての若造で、業界の構造もわかっていなければ、社会の仕組みだって知らない。なによりも仕事で疲れ切っていますから、学習する意欲もそれほどなかったのです。

むしろ私は会社にとって都合の良い優等生でした。まずは必死に働いて、島の家族に仕送りしなければいけないのだという思いが強くありました。幼いころから貧困を目にしてきましたから、生コン業界の重労働も、劣悪な環境も、当たり前のように受け入れていたのかもしれません。

休まない。とにかく言われた以上の仕事をこなす。そうすれば報奨金も出る。ミキサー車の手入れも欠かさない。そうした姿勢だったからこそ、何度も会社から優良運転手として表彰されました。

勝又さんが立ち上げた労組は「殺人的長時間労働を許すな」と訴えるビラを社内で配りました。それだって、私にはピンとこないわけです。長時間働くことの何が悪いのか理解できませんでした。冷めた目で労働運動を見ていたのかもしれません。

それでも私が「勝又学校」に通ったのは、そこで交わされる議論やイデオロギーにシンパシーを持ったからではなく、勝又さんの人柄が好きだったからです。自分以外の人間のために本気で怒り、本気で心配し、そして本気で闘う勝又さんの姿は、それまでの私の人生ではけっして見ることのできなかった独特の熱さを感じさせました。

それでも優良運転手を貫いた私が、少しずつ労働運動に目覚めていくのは、その勝又さんが労働運動を嫌う会社側に追い詰められていく様子を見たからです。

それまで御用組合を通して社員を管理していた会社は、勝又さんをリーダーとする新労組をつぶしにかかりました。

最初にしたのはヤクザを労組対策として会社に引き入れたことです。

大阪を地盤とするヤクザ組織「酒梅組」の組員五人が、事故安全対策員なる名目で、突然に〝入社〟しました。彼らは最初から管理職となり。新労組の組合員を恫喝するようになります。めちゃくちゃな時代でした。彼らはジャックナイフを手にして、新労組の役員のみならず、一般組合員にまで労組からの脱退を迫りました。

「お前ぐらい殺るのはわけないんや。せいぜい二年で釈放や」

「地獄がいいか、極楽がいいか」

「組合をやめたら、会社から一〇万でも一五万でも取ってやる」

暴力装置によるなんとも露骨な脱退工作です。

それでも勝又さんはひるまなかった。

なぜ、そこまでして闘うのか、ヤクザを敵に回しても一歩も引かないのはなぜなのか。私の中で、労働運動に対する興味が湧いてきました。同時に、だんだんと会社のやることに疑問を持つようにもなりました。

そのころ、私は迷っていたのかもしれません。勝又さんら組合執行部の献身的な活動には賛同する。しかし、会社を敵に回してしまったら、私自身が干されてしまうかもしれない。そうなれば仕送りもできなくなってしまう。私は会社とケンカするために島を出てきたわけではないのだ。そうした思いで逡巡し、結局は、労働運動に積極的に参加することはありませんでした。

そんな優良社員にとっての転機は六四年に訪れます。

勝又さんが突然に解雇されたのです。ナイフで脅されようが抵抗をやめなかった勝又さんを、会社側は「上司への反抗的な態度」などと認定し、クビにしてしまったのです。

解雇当日のことは、はっきりと覚えています。

その日、勝又さんが出勤しようと工場の門まで来たら、会社幹部が門前でピケを張り、構内への入場を拒んだのです。勝又さんは猛然と抗議しましたが、幹部たちは暴力的に排除しました。

なんなんだ、これは。これが会社のすることか。ひとりの人間に対し、大勢の男たちが寄ってたかって小突き回す。私の中で怒りがこみ上げてきました。

許せない。絶対に許せない。その思いが、私を労働運動に急接近させたのです。

小突き回され、罵倒され、力ずくで排除される勝又さんの姿は、労働運動活動家としての私の原風景でもあります。

優良社員が、ようやく重い腰を上げた瞬間でもありました。

会社側はその後、ますます労組弾圧に拍車をかけます。日雇いの社員を大量に雇い入れ、組合員の仕事を減らしました。いや、奪ったと表現したほうが正しいでしょう。これによって残業が減らされたわけですから、残業代で生活が成り立っていた組合員からすれば兵糧攻めにあったようなものです。

また、組合が集会を予定すると、そのときに限って大量の出荷を企て、無理やり徹夜での仕事を強制しました。

もちろん会社側は組合のいかなる要求にも耳を貸すことはありませんでしたし、団体交渉にも応じませんでした。

こうしたなか、全自運三生運送佃支部は臨時組合大会を開催し、組織立て直しのために人事を一新させました。

そこでなんと、この私が教宣部長に選ばれてしまったのです。

つい少し前までは優良社員として組合に冷淡な視線を向けていた私です。しかもまだ二二歳。

これは大変なことになった、えらいこっちゃと慌てました。

労働組合の役員になったといっても、経験なんてまるでありません。労働運動のなんたるかも知らない、これはとにかく勉強せにゃあかん、ということで、地元の共産党員などが運営していた「西淀川労働学校」で労働運動を学ぶことにしました。

マルクスの著作をテキストにしていたのですが、最初はさっぱりわからない。ちんぷんかんぷんです。しかし、本を読みこなしていくうちに、少しずつ理解が進んでいきました。

そのうち見えてくるのです。働き方、働かせ方のなにが問題なのか。なぜ、労働者は損をして、会社は得をするのか。なぜ会社は労働運動を嫌うのか。

霧がすーっと引いたように、それまでもやもやして見えなかったものを、明確に捉えることができるようになりました。要は、私たちは搾取されている。それを知ったわけです。

安い賃金で働かされている私たちは、長時間働くことで帳尻を合わせてきた。しかし、それは経営者だけが一方的に得する結果しか生み出さない。そんなことを理論として身に着けていくのです。

向こうみずな正義感だけで労働運動に足を突っ込んだ私ですが、そこで初めて理論武装をするようになりました。

教宣部長に就任した私は、数か月もすれば団体交渉の席上で会社を追及することもできるようになりました。しかし、若造相手に会社は相変わらず居丈高です。そのうえ覚えたての「理論」など、ときに一蹴されてしまう。

悔しいので、さらに学びます。勉強しなければ負けてしまう。必死に本を読み、マルクスを学び、社会と経済の仕組みを頭の中に叩きこむ。そして再び団体交渉に臨む。その繰り返しです。

そうやっていっぱしの活動家に育っていくのです。いま、私が関生支部の組合員に「とにかく社会の構造を学べ」としつこいくらいに言っているのは、このときの経験があるからなのです。

正義感は必要です。でもそれだけで突っ走っては限界に突き当たる。経営者の理不尽な政策に打ち勝つには、理論も必要なのです。自分たちの置かれた状況を正確に把握し、問題点を探り、どのような形で搾取されているのか、なぜ搾取を許してしまっているのか、きちんと理解していなければ、強力な権限を持った経営者に勝つことはできません。

私も失敗を繰り返し、ときに経営者の前で恥をかき、それでも学ぶことを忘れず、必死に労働運動の道を進みました。

## 関生支部の誕生

一九六五年六月、全自運傘下の関西生コン支部準備会が発足しました。生コン産業各社の労働組合が連帯、団結した産業別労組の誕生です。

このとき委員長に就任したのが私でした。わずか一年の労働運動経験しか持たず、実績にも乏しい私が、なぜか労組トップに選ばれてしまったのです。

若さと情熱が買われたのかもしれません。あるいは知識を得ようと貪欲に学んでいた私の姿勢が見込まれたのかもしれません。

ところで、どのような経緯で関生支部が生まれたのか——。

三生運送の組合で教宣部長をしていた前年、私はある人物の知遇を得ました。

大阪地区の生コン労組の横断組織、生コン共闘会議の専従役員をしていた石井英明さんです。石井さんはもともと船乗りで、海員組合の活動家でもありました。優秀な活動家であると同時に、人格者として多くの組合員から慕われてもいました。

あるとき、石井さんがこんな話をしてくれたのです。

「生コン各社で進行している合理化は一見同じように感じるかもしれないが、攻撃の手口はそれぞれ違う。企業や職場の状況を敵もよく分析し、巧妙になっている。なのに、我々は統一した指導機関、決定機関を持っていないのは問題だ」

これには、私も深く頷くしかありませんでした。

組合は企業ごとに分断されています。そのことによって、どうしても個別に撃破されてしまう。資本というのは最も弱いところから攻撃を仕掛けるのです。しかも組合は会社ごとにそれぞれ〝お家の事情〟を抱えている。

だからこそ――統一した労働運動が必要なのではないか。それが石井さんの主張でした。産業別組織である海員組合出身だけに、石井さんの言葉には説得力がありました。

確かに、当時の生コン業界の労働運動はバラバラでした。生コン共闘という横断組織はあったものの、実際の運動は各社の組合に任されており、本当の意味での共闘はできていませんでした。

ある会社では会社の意を受けたインフォーマル組織ができて組合を弾圧していました。別の会社では組合執行部全員が解雇され、刑事弾圧まで受けていました。私のいた三生運送では、執行部批判派が第二組合の結成に動いていました。つまり、それぞれが自らの組織防衛に手いっぱいだったのです。

産業別組織をつくり、生コン業界で働く労働者が一致して経営側と対峙すべきだ。石井さんは熱心にそう説いていました。

私たち若手の活動家は話し合いを重ね、産業別組織の具体像を描くようになります。

●企業の枠を超え、同じ業界で働く労働者が同じ目線で資本と対峙しなければならない
●個別企業を相手にするだけでなく、その企業を動かしている背景資本への闘いを強化しなければならない
●個人加盟を原則とし、外に開かれた多数派を形成しなければならない
●要求、交渉、行動を統一しなければならない

敵の攻撃に有効に対応するためには統一司令部が必要だと考えたからです。仲間と議論を積み重ねながら、こうした方針を描き、産業別組織結成に向けて動き出すようになりました。

あらためて振り返ってみれば、このときに打ち出した方針こそが、関生支部の原点であり、いまなおわたしたちの骨格として存在するものです。

このような経緯を経て、同年一〇月、正式に関生支部は誕生したのでした。

1960年代のミキサー車

委員長に選出された私ですが、最初は試行錯誤の繰り返し。苦難苦闘の連続でした。

とりあえずは五社の労組で統一し、一八三名の組合員でスタートしたわけですが、財政的な理由から専従者はひとりもいません。

私を含め執行部は全員が、激務の合間を縫って活動をせざるをえませんでした。

会社側も黙って見ているだけではありません。関生支部の〝成長〟を食い止めようと、経営者も必死でした。各社ともに労務管理をますます強化させ、組合活動を締め付けてきます。

それ以前の問題として、前近代的な労働環境は相変わらず引き継がれたままでした。

たとえば私が勤めていた三生運送は、関生支部三生分会が次のような「職場改善要求書」

を提出しています。

①運転席の改善
②全車両にヒーターを設置すること
③便所の改修をおこなうこと
④便所にトイレットペーパーを取り付けよ
⑤便所に臭い消しを取り付け、消毒すること
⑥風呂のバーナーを取り換えること
⑦風呂にもうひとつ鍵をつけること
⑧シャワーの蛇口を取り換えよ
⑨顔洗い石鹸をみんなが使える数だけ出してくれ
⑩定期健康診断の期間を短くすること
⑪食事内容をバラエティあるものにすること
⑫盆の有給休暇を与えよ
⑬食堂にテレビを設置せよ
⑭車両にラジオを取り付けよ

いかがでしょう。きわめて切実な要求ばかりです。労働運動とは言っても、こうしたことから始めなければならないほど、生コン職場は貧弱、劣悪な環境にあったのです。トイレットペーパーも盆休みもないような業界だったのです。

## 初めての解雇

産業別組織である関生支部の誕生、そして委員長就任。六五年は私にとって〝激動〟ともいうべき年でしたが、波乱はさらに続きます。

翌六六年、私は初めて会社を解雇されました。

きっかけは、三生運送の組合分会長に対してデッチあげられた「暴力事件」です。同年八月。会社の食堂で、分会長がたまたま居合わせた管理職に向けて「なぜ会社は食事内容の改善に取り組まないのか」と抗議しました。課長はそれを無視したために、分会長は課長の耳を引っ張ったのです。これを「暴力事件」とした会社側は課長を解雇してしまいました。当然、関生支部は抗議し、一一時間の時限ストライキを実施します。すると今度は私ともう一人の組合役員にも解雇が通告されてしまったのです。

解雇にはもうひとつの背景がありました。

解雇撤回闘争に勝利して。前列左端が筆者（1969年9月25日、大阪地裁）

私たちはその秋に、ベトナム侵略戦争反対を名目としたストライキを計画していました。ところが会社側は「ベトナム反戦の問題はウチには何の関係もない」「アメリカがベトナムを攻撃しているので会社は責任主体ではない」「ストを決行したら組合の責任を追及する」といった内容の警告文を出していたのです。

私の解雇には「暴力事件」に対する報復と、スト予告に対する先制攻撃という二つの意味があったと思います。

結局、解雇された三人は、以降、解雇撤回の復職闘争を進めることになります。

私にとってもっともつらい時期でした。関生支部の委員長という役職にはありましたが、それで生活することはできません。タクシー運転手や行商などのアルバイトをしながら闘争を続けていきます。

大阪の道も知らないでタクシーに乗ったものですから、毎日、失敗しては客に叱られてばかりでした。

そのころ、私は実家の母親に「悪いことをしたわけではない。正しいことをしたからクビになってしまったのです」と手紙を書いています。すると「クビ切り」が解雇を意味する言葉だということを知らない母親が、刃物で首を切られたのだと勘違いして大騒ぎするといった一幕もありました。

結局、解雇撤回の闘いは法廷闘争となり、私たちが勝利することになるのですが、復職までは三年の月日を要しました。

会社に戻ってみたら七〇年代の幕開けです。

そこではさらなる試練が待ち受けていました。

# 第3章

# 闘いの軌跡

## 万博不況とオイルショック

高度経済成長はけっして永遠の成長を約束されたものではありませんでした。

私が職場に復帰した七〇年、生コン工場の数は全国で二六〇〇にも達しました。その五年前には八〇か所しかなかったのです。セメントメーカーは生コン需要の拡大を受けて、系列工場の増設に力を入れました。また、それまでほとんど見ることのできなかった独立系の生コン工場が相次いで設立されたのも六〇年代後半です。

先にも述べたとおり、日本のインフラ整備が急速に進んだことが要因です。関西地区では大阪万博（七〇年）の開催に向けて、万博会場のみならず、大掛かりな道路や商業施設、住宅などの工事ラッシュとなりました。

七〇年までの間、生コン需要は右肩上がりを続けます。大阪市の生コン出荷量は六四年が四五〇万立方メートルですが、六九年には八五〇万立方メートルにまで急伸しました。

ところが万博が開催された七〇年には出荷量が七四〇万立方メートルにまで落ち込みます。

万博景気が終焉を迎えたのでした。

それまでさんざん万博景気で儲けてきた（そのくせ労働者への還元はしてこなかった）生コ

ン経営者たちは、今度は合理化をちらつかせるようになりました。いや、実際、各所で合理化という名の首切りが始まりました。

もちろんそうしたときこそ組合の出番です。私の解雇撤回を勝ち取った関生支部は、その勢いに乗り、全力を挙げて合理化との闘いに踏み切りました。

各個撃破されていた六〇年代と比べれば、やはり産業別労組は強い。私たちは着実に成果を上げました。しかし同時に経営者だって知恵をつけてくる。首切りに抗して関生支部が旗揚げされた工場では、会社主導で即座に第二組合が結成され、激しい攻防戦が展開されました。「反関生支部キャンペーン」も業界ぐるみでおこなわれます。

「仕事が欲しければ関生支部を脱退せよ」。そんな脅しが職場の中に飛び交いました。

こうして労使が争っている間に、今度はオイルショックの到来です（七三年）。

これもまた業界に深刻な打撃を与えました。

当然、仕事は減る。出荷量は落ちる。しかし、労働運動の腕の見せ所はこうしたときにこそ発揮されるべきなのです。

私たちは同年、組合員数を五〇〇〇人にまで増やしました。

実は、七〇年の万博不況以降、合理化に抗する手段として、私たちは今日につながる極めて重要な闘争戦略を打ち出します。

それは「使用者概念の拡大」といった考え方に基づく、背景資本への取り組みでした。

つまり、目の前の敵（生コン会社）の背後には、さらに大きな敵（背景資本＝セメント会社）が存在することを認識し、そこに対しても使用者としての責任を求めて闘うということです。

実は、生コン工場の合理化はセメントメーカーの意向に沿って進行している事態でもありました。先述したように、生コン工場はセメントメーカーの拡販手段として、高度成長下に乱立します。だからこそ生コン業界は常にセメントメーカーの思惑に翻弄されていました。合理化も組合攻撃も、生コン工場の経営者が考えたものではなく、セメントメーカー本社の会議室で決められたものであることが多かったのです。

だから私たちは、ある工場の争議（企業閉鎖、解雇撤回闘争）をめぐっては、背景資本である三菱鉱業セメントを徹底的に追及しました。その結果、大阪地方労働委員会は三菱の責任に言及する救済命令を下します。

さらに私たちは東京に出向いて三菱の本社で団体交渉もおこないました。その際、三菱側から「本件の解決に向けて三菱が実質的に責任を持っている」といった言葉を引き出すことにも成功しました。背景資本の責任を認めさせたのです。

この闘いでは、結果として勝利和解を実現することができました。単に復職を勝ち取っただけでなく、背景資本への取り組みの正当性を示したものとして、全国的にも大きな注目を集めることになります。

七〇年代初頭、日本経済は確かに深刻な打撃を受けました。不況の波は生コン産業にも大きなダメージを与えました。しかし、こうしたときこそ、労働運動が飛躍するチャンスだと思うのです。

なぜにチャンスなのか。会社というのは資本があってこその存在です。つまり、会社の力は「カネの力」でもあります。カネがなくなれば会社の力は弱まる。一方、労働者の力は「数と質」です。不況時は「数と質」を持った側に勝利のチャンスがあるというわけです。

では、ここでもう一つの疑問が浮かびあがると思います。それを言うのであれば、どうして日本の労働運動はそのチャンスを生かし切れていないのか。会社と一緒に沈んでしまうのか。

それは、日本の労働組合の多くが企業内労組だからです。企業内労組は、会社あっての労組ですから、激しい企業間競争にも、不況にも埋没してしまう。組織防衛は企業防衛とイコールになってしまうのです。結局、「業績が悪い時に賃上げなどできるわけがない」「クビ切りにも理解を示さなければ」という企業の論理に抗しきれない。これでは勝てるわけがありません。不況時に膝を屈して、「会社を守る」のが日本の多くの労働組合です。

私たちの考え方は違います。

こうしたときにこそ、各社の労働組合が、そして業界全体をも巻き込んで団結しなければならないはずです。それが産業別労組のありかたです。

オイルショック時、セメント・生コン業界は「構造不況業種」といった烙印が押されました。したたかなセメントメーカーは意図的に生産、出荷をストップし、価格の吊り上げを図りました。この価格操作によって、一部のセメントメーカーは収益を上げたのです。しかし、そのツケは生コン産業に回されました。セメントメーカーは値上げのために各社が談合して公正取引委員会から何度も排除勧告を受け、不法行為を繰り返したセメント協会の大槻文平会長は「ミスターカルテル」とまで言われていました。

この時代、生コン労働者はまだ、収入の半分を残業代に依存しているような状況です。セメントメーカーによる出荷ストップは、生コン労働者から時間外労働を奪うことになります。そう、我々は「命綱」を断たれたのです。そもそも万博不況によって基本賃金を減らされていた生コン労働者にとっては、危機的状況に他なりません。

一般的な企業内労組であれば、つまり「会社あっての労組」であれば、会社を守るために賃下げも首切りも許容するしかないでしょう。でも私たち関生支部は違った。賃下げを狙う経営者と真っ向から対決しました。そのうえで、業界全体が利益を確保するためにはどうしたらよいのか、「政策」という点で答えを示し、全体の底上げを図る。

これこそ、関生支部が七〇年代から取り組んできた「産業政策闘争」なのです。

この時期、まず、私たちが実現させたのが「集団交渉」です。
これは春闘において、関生支部が労使関係を有する全企業と集団で賃金交渉することを意味します。

通常の春闘であれば、企業は企業内労組と交渉します。ですが、それでは結局、企業の論理を前にして、労組の主張は埋没してしまう。しかも非正規労働者の待遇に関しては置き去りにされてしまうのが常です。

全企業との集団交渉は、業界全体の労働者の待遇を底上げすることを目的としています。
統一要求、統一交渉、統一行動の原則です。

七三年、初めての集団交渉がおこなわれました。出席した企業は関生支部と労使関係を持つ一四社。案の定、会社はそれぞれに「不況」を口実とした賃下げを提案してくる。これが個別の企業内労組であれば、太刀打ちできなかったかもしれません。しかし私たちは団結し、一歩も引かなかった。

結果は大勝利です。月額一万八〇〇〇円の賃上げを認めさせました。そればかりではありません。未組織（非正規）の運転手に対しても一〇万円の最低保障制度を設けること、週休二日制への見通しを明確化させること、洗車時間の自由時間化と入浴時間の就労時間扱い、クーラーの全車取付けなど、多くの制度要求をも認めさせました。

「闘いなくして成果なし」を証明したのです。

その後、この集団交渉は生コン業界の〝恒例行事〟として定着します。上部団体の異なる他労組も出席し、毎年一〇〇社を超える経営側を相手とする交渉が続きました。

ちなみにこの集団交渉の成功により、組合員も急増しました。それまで二〇〇〜三〇〇名の間を行きつ戻りつしていた組合員数は、七四年には七〇〇名にまで増えています。高度成長期には停滞していた組織拡大が、不況時に実現したことになります。

そしてもうひとつ。集団交渉には賃上げ、労働環境の改善だけに限定されない、また別の目的もありました。

企業間の格差をなくすという目的です。これこそが業界全体を視野に入れた「産業政策闘争」に繋がっていくのですが、まずはその背景から説明しましょう。

六〇年代まで、生コン会社はほぼすべてがセメントメーカーの直系でした。何度も述べていますが、生コン企業はセメントメーカーの「販売手段」として存在していました。大阪セメント、徳山、宇部といった大企業の支配下に置かれていたのです。

ところが七〇年代に入ると、どこの系列にも属さない「専業」と呼ばれる生コン企業が各地に林立します。ミキサー車を数台抱え、小規模なプラントで操業する中小企業です。

こうした中小の「専業」を、労働組合としてどうとらえるか。当初は「小なりとも資本」といった考え方で、私たちも大資本系列の生コン会社と同列に見なして対応してきました。中小企業と言えども、労働者を無権利状態に追いやるようなところは、労組として看過できません。

しかし一方で、「専業」もまた、大資本の前では搾取される側にありました。

万博不況、オイルショックによってセメントメーカーはセメント価格を維持するために出荷調整を始めます。そうしたときに犠牲となるのが「専業」の中小零細企業です。「系列」でないことを理由に、真っ先に出荷調整の対象となるばかりか、生コンの販売先であるゼネコンからも常にダンピングを要求されます。結局、「専業」はいつも大資本の顔色を見ながら、いや、翻弄されながら、無理な要求にも従うしかなかったのです。

私たちは、こうした「専業」をどう見るか。当時、多くの時間を割いて議論しました。

労働者の基本的な権利を考えれば、中小企業であろうと、ときに「敵」として闘わなければならない。しかし、大資本の前では「専業」も被害者です。

議論を重ねる中で、私たち関生支部は「中小企業の二面性」という概念をつくりあげました。「専業」が被害者である部分に限定すれば、大資本に対して共に闘うことができるのではないか、そう考えたのです。つまり「敵味方」の二面性を持つ「専業」との一面共闘です。

労働環境、雇用条件に関しては妥協しないが、業界全体の利益のためには、ともに闘う枠組みをつくろうと決意しました。そうしなければ、ただでさえ低く見られている生コン業界の中において、企業間でも格差が出てしまうからです。そうなってしまえば、力の弱い中小の「専業」が倒産してしまうことも考えられるし、そこで働く労働者の雇用も守ることができない。

そのためには中小企業と労働組合が「対大資本」の面で手を結び、業界全体の底上げを図る。そのために様々な政策を打ち立てていこうというのが、集団交渉をはじめとする産業政策闘争の根幹となりました。

もちろん「専業」で働く組合員の中から反対の声もあがりました。当該組合員からすれば、日ごろから目にしているのは「大資本の犠牲者」としての経営者ではなく、組合を毛嫌いし、ときにヤクザを使って労働者を脅し、かたくなに賃上げを渋る粗暴な「オヤジ」でしかないのです。

その気持ちは十分に理解できます。従業員みんなが家族のように支え合う中小企業といった美しい物語は、この時代の生コン業界にはほとんど存在しません。多くの場合、社長は独裁者であり、労働者はボロ雑巾のように扱われ、組合などは蛇蝎の如く嫌われて排除の対象となる。そんなうんざりするような話であふれていました。「共闘なんかできるか」。そうした声が相次ぎました。

私はそうした組合員に、たとえ中小零細の経営者であっても労働者の権利を奪うことは絶対に許さないし、労働運動への介入も認めない。あくまでも労使の対等な関係を維持したうえで、中小企業の利益確保のために、大資本を相手にした闘いにのみ手を結ぶのだと説明しました。

「専業」の話ばかりしましたが、直系の企業であろうと、生コン会社は結局、建設業界の中では低位に扱われています。セメントメーカーとゼネコンの利益のための調整弁として、業界まるごと利用されてきたのです。

関生支部を率いることになった私は、この状況を何とかしたかった。経営者も労働者も、理不尽を強いられることなく、安心して働ける環境をつくりたかった。

このように考えたのは、ある〝事件〟がきっかけとなっています。

関生支部が結成されたばかりの頃でした。

ある大手セメントメーカー直系の生コン会社で労働争議が起きました。社長は警察まで導入して組合員を解雇したり、二つの工場を企業閉鎖（ロックアウト）するなど、相当にメチャクチャな弾圧をしたのです。しかし、その社長もどこかで収束を考えていたのでしょう。大手セメントメーカーに出向き、争議を解決したい、解雇者に金銭補償したいから、資金を援助してほしいと訴えたんです。

ところが、セメントメーカーの担当者は冷たく突き放したのです。「お前の責任で処理しろ」と。

社長はその対応に深く傷ついたわけです。メーカーの意を汲んで理不尽な組合つぶしを図った。おかげで工場の操業は止まるし、経営もガタガタになった。なのにメーカーは知らんぷりするわけですからね。

結局、社長はＪＲ立花駅で飛び込み自殺をしてしまいました。遺書には「メーカーの言いなりになっていた。残念で残念でたまらない」と書かれていました。

私も憤りました。メーカーはなんてひどいことをするものかと。

生コン会社の経営者は、ときに労働者を使い捨てにするが、経営者もまた、メーカーにとっては使い捨て可能な道具のひとつに過ぎず、用済みとなれば捨てられる。

こうした構造じたいが問題なのです。

だからこそ労働組合も産業別労組として団結するだけでなく、弱い立場の経営者をも巻き込んで闘わなければ、生コンはいつまでたっても「谷間の産業」から抜け出すことができない。

底上げのために重要なのは労働者間、企業間の格差をなくすことです。労働組合は統一要求、統一交渉、統一行動、統一妥結で闘う。経営者も統一して労働組合と向き合う。共に方針を打ち立て、業界全体の利益を考える。

それは労働者を守るためであり、同時に中小零細企業の利益を守るためでもあるのです。

七五年、関生支部が生コン企業の経営者たちに呼びかけて、政策懇談会が開催されました。生コン産業全体の底上げを図ることを目的とした、初めての話し合いです。

懇談会の冒頭で、私は次のように懇談会の主旨を説明しました。

「独占本位の経済政策によって労働者は失業、中小企業は破産、倒産に追い込まれている。労使は共通した情勢認識に基づいて、政策の一致を図る必要がある」

そのうえで関生支部から具体的な提案をしました。訴えたのは以下の四点です。

①中小企業はセメントメーカーやゼネコンに対する自主性、主体性を持たなければならない。対等取引関係を結び、そのうえで業界の自立を目指すための協同組合化に努力し、共同受注、共同販売の道を探るべきである。
②労働条件、賃金の統一を図る。
③労働基本権を守り、一切の不当労働行為について共同してその排除に努める。
④組合は中小企業の実情を理解し、ゼネコン、セメントメーカーの圧力についてもその排除に努める。

これらはけっして無原則な歩み寄りではありません。厳しい注文も付けながら、しかし、労組と中小企業の団結をも訴えた。画期的な提案だったと思うのです。

さらに、私たちはこのとき初めて、協同組合にも言及しています。

いま、私たちを敵視し、弾圧の方針を掲げて「関生つぶし」を狙っているのが協同組合ですが、実は、私たちがその必要性を最初から訴えていたのです。

この提案が後に協同組合設立に向けてどのように動いていくのかは、後に触れましょう。懇談会におけるこの提案は、すべてにおいて経営者の同意を得たわけではありませんでした。政策を話し合ったとはいえ、職場に戻ればそれぞれ激しい対立もあったのです。ヤクザや警察が介入するような争議は当たり前の時代です。簡単に団結することは難しかった。

しかし、業界健全化に向けた最初の一歩を踏み出すことはできたのではないかと思っています。ここに同席した各社はその後、意見調整のために政策委員を選出し、関生支部との交渉、政策懇談を継続していったのです。その過程で業界の体質改善、失業状態にある関生支部組合員の共同雇用確保（倒産や工場閉鎖で解雇された組合員を、他の企業で雇用すること）といった回答を勝ち取ることができました。

また私たちも、中小企業だけを交渉相手とするのではなく、この時期からメーカーや行政への政策申し入れにも取り組むようになります。

この年の一一月、私たちは在阪セメントメーカーに対し、週休二日制、年末年始休暇、腕章着用の自由、過積載の禁止などを求めて申し入れ行動をおこないました。

さらに建設省(当時)、大阪府、大阪市などの行政機関に向けても、公共事業での過積載禁止、法令順守企業への発注、建設会社などによる組合活動への干渉に対する指導監督などを申し入れました。

このころから、私たちの考え方に賛同する経営者も現われるようになりました。中小企業との連携という潮流が生まれたのです。おかげで生コン労働者の待遇も飛躍的に向上しました。少なくとも、正月以外に休みもなく、賃金のほとんどを残業代で賄うといった状態からは脱することができました。私たちはようやく当たり前の労働者に近づき、谷間から這い出てきたのです。

こうした動きに最も危機感を抱いたのは、いうまでもなくセメントメーカーとゼネコンです。労働運動と中小企業の連携は、多くの場面で労働者の待遇向上を果たしましたが、一方で、大資本の怨みも買った。

その後、なぜ関生支部は常軌を逸した弾圧を受けることになるのか、その理由の源泉はこの時代に存在するのです。

## ヤクザと生コン

七〇年代は中小企業との連携を目指した画期的な時代であったと同時に、各職場での労使紛争が苛烈を極めた時期でもありました。

私たちの敵として、常に最前列で行く手を阻んでいたのはヤクザです。

私が共同組に入社した当時、会社に雇われた〝労務担当〟がヤクザ者であったことは先に述べました。ジャックナイフをちらつかせながら組合員を恫喝するヤクザの姿は、いまでも目の奥に焼き付いています。

建設業界はもともと、ヤクザとは深い関係を持っています(それはいまでも続いている)。そのなかでも最下層に位置する生コン業界では、よりヤクザが入り込みやすい体質を持っていたのかもしれません。アウトローは社会の矛盾から生まれます。矛盾を詰め合わせたような生コン業界だからこそ、ヤクザが介入する余地も生まれました。

労働者も、そして経営者も、様々な事情で社会から虐げられてきた人が少なくなかった。ヤクザとの距離が近かったという社会的環境もあるのでしょう。

しかし、暴力支配の先兵としてヤクザを使って恫喝をかけてくるような経営者は許すことができません。

関生支部結成直後に、私は初めてヤクザの襲撃を受けました。

神戸の生コン会社での争議です。同社の社長が山口組の関係者でした。何度も繰り返した団体交渉が決裂し、ついには仕事中にヤクザが襲ってきたのです。大きなハンマーを持って、私たちが乗っていた車に突進してきた。そしていきなりそれを振り下ろし、運転席のガラスをぶち破ったのです。

私は車から脱出してコンベアの陰に隠れました。近くにスコップが落ちていたのでそれを握り締めましたが、大きなハンマーに太刀打ちできるわけがない。

どうにかその場を逃げ切ることはできましたが、七〇年代に入っても、そのような暴力支配の慣習は続きました。

万博不況を口実に賃金切り下げを伴う合理化を進めようとしていた生コン会社では、労組を抑え込むために、やはり山口組のヤクザたちが乗り込んできました。彼らは組合員を恫喝するだけでなく、ミキサー車などに貼られていた組合のステッカーを破りまくりました。

そのうえ新任の労務課長として私たちの前に現れたのは、右翼団体のメンバーを名乗る人物でした。

彼は団体交渉の席上、「お前らみたいなやつらは、ぶった切ったる」「月夜の晩だけやないで」などと脅してくる。そして実際、組合員に対する暴行も多発しました。

関生支部は妥協することなく闘い、結局は暴力労務課長を会社から追い出すことに成功するのですが、ヤクザとの闘いは他の工場を舞台にさらに続きます。

私も関生支部結成からずっとヤクザに付け狙われるようになりました。尾行や脅迫はしょっちゅう。私の命に高額な懸賞金がついたこともありました。

実際、組合員が命を落としたこともあります。

七三年、関生支部の仲間の植月一則さんがヤクザに殺されました。植月さんは片岡運輸という会社で働いていましたが、労働条件をめぐって会社側と激しく対立していました。同社には関生支部とは対立関係にあった御用組合もあったのですが、そこがヤクザと結託したのです。ヤクザが植月さんを拉致し、結果的に殺してしまうのです。本当に許しがたい事件でした。事件後、実行犯に対して会社側から多額の金が流れていることも判明しました。

七九年には私もヤクザに拉致されました。

兵庫県の明石に昭和レミコンという会社がありました。同社では七四年に関生支部の分会が結成されたのですが、労組つぶしをねらう経営者のもと、当初からヤクザによる脅しを受けていました。

拉致されたのは新大阪の駅でした。突然五人組の男に囲まれ、そのまま近くのマンションの一室に連れ込まれたのです。

実行犯は山口組系列の組織に属する者たちでした。彼らは砂を詰めた皮袋で私を何度も殴打しました。外傷を残さないようにするプロの手口です。殴りながら、彼らは分会の解散などを要求してきました。

もちろん応じるわけにはいきません。すると暴力はますますエスカレートします。

次に彼らは私の耳に無理やりヘッドフォンを装着させ、大音量で音楽や野球中継を流した。

さらに私の口をこじ開けて、ダルマのウイスキーを流し込んだのです。

これはきつかった。もうフラフラです。完全な拷問です。

ぐったりした私に向かって彼らはこう言うわけです。

「あんたのことは全部、調べ上げている。徳之島の出身らしいな。実家も全部、割れている」

生まれ故郷のことを持ち出されたら、どんなに弱っていても黙っているわけにはいきません。

私はこう言い返しました。

「徳之島のことを知っているのか。ならばわかっているはずだ。島の人間はこんなことで屈しない」

これで彼らも私という人間を理解したはずです。何があっても要求には応じない。

ならば殺すしかない。そう考えたのでしょう。

私は猿轡《さるぐつわ》をされ、ガムテープで体中を縛られたうえで、車のトランクの中に放り込まれました。

その際、彼らは私に向けてこう告げました。

「六甲山か生駒山に連れていく。鳴海のようにしてやる」

鳴海とは、七八年に山口組組長・田岡一雄を銃撃したことで知られる大日本正義団組員・鳴海清のことです。田岡組長を襲撃した鳴海は、その二か月後、六甲山で死体となって発見されました。死体には激しい暴行を受けた跡がありました。山口組による拷問を伴った報復だったのでしょう。

さすがに私もこのときばかりは死を意識しました。車はスピードを出したかと思えば急停止したり、あるいはいきなりバックしたりと、わざと荒っぽい運転をするのです。あれは確かに怖い。このまま海中に突っ込むのではないか、崖から車ごと転落させられるのではないかと、悪いことばかりを想像します。

結局、私は釈放されるのですが、それから二〇年も経って、なぜあのとき殺されることがなかったのか、真相を知る機会がありました。

「本当に殺そうと思っていたが、ある事情があって殺せなかった」

人伝てにそう教えてくれたのは、実行犯たちを知る、ある組織の幹部だった人物です。殺さなかった理由は、私が徳之島の出身だったからだそうです。実は、その幹部もまた、徳之島の出身でした。私が徳之島出身であることを知り、「島の人間を殺したら承知しない」と彼らに伝えてくれたそうなのです。

良し悪しは別として、徳之島の人間というのはそういうタイプが多いのです。もともと差別、

解放後の監禁・暴行抗議集会で（1979 年6月）

抑圧されてきた歴史を持っている。だから、右翼であろうが左翼であろうがヤクザであろうが、私のような刑事被告人であろうが、「島の人間」というだけである種の親近感を持ってしまう。

もちろん都会では同じ島の人間でも対立することはあるのですが、島に戻れば「おう、元気やったか」と肩をたたき合うようなところがあるのです。

とはいえ、この事件はけっしてうやむやにできるものではありませんでした。

関生支部は徹底的に反撃します。ヤクザと結託した昭和レミコンへの追及を始めると同時に、政策運動の過程で連携を得た業界団体にも早期解決に向けた協力を要請しました。

私たちはあらゆる業界団体、セメントメー

カーに対して、問題解決まで昭和レミコンへのセメント納入を拒否するよう申し入れました。結果、納入ストップが成功し、同社はたちまち操業停止に追い込まれます。これによってようやく和解に向けた話し合いがおこなわれるようになりました。

和解交渉において、同社は謝罪、暴力団排除、労働条件改善などを約束し、関生支部は完全勝利を収めることができたのです。

この闘いが特徴的だったのは、業界を巻き込んだ闘争を展開したことです。これは中小企業との連携によって生まれた成果の一つでした。

ただ、これで生コン業界とヤクザの縁が切れたわけではありません。

その後も様々な場面でヤクザとの闘いは続きます。

八二年には、さらなる犠牲者を出すことにもなりました。関生支部の高田建設分会書記長をしていた野村雅明さんが、またもやヤクザに殺されたのです。

野村さんが働いていた高田建設は劣悪な労働条件で知られる生コン会社でした。社長は常々、暴力団との関係を豪語し、野村さんたち組合員を恫喝していました。組合事務所にヤクザが乱入することもありました。組合員の自家用車のブレーキホースが何者かに切断されるといった事件もあった。分会としては緊張を強いられる毎日が続いていたのです。

そうしたなか、加古川市内において、乗用車の中で血まみれになって倒れている野村さんが発見されるのです。発見時、太ももなどが鋭利な刃物で刺されており、すでに意識はありませんでした。

病院に搬送されましたが、治療のかいなく野村さんは息を引き取ります。失血死でした。

当時の新聞は「春闘もつれトラブル。スト前から妨害」といった記事を掲載しています。

ところが警察は一向に捜査を進めない。今も昔も、関生支部に対してはどんな些細なことでも刑事事件に仕立てる〝能力〟を持った警察は、私たちが被害者の立場になると、のんびり構えてしまうのです。

私たちは真相究明委員会を発足し、警察へ「徹底した捜査」を要求しました。

事件から一か月後には約二〇〇〇名を集めて組合葬を実施し、私は次のように弔辞を読みました。

「あなたの遺志を受け継いで、職場を明るく働きやすくする。約束します」

事件の三か月後、ようやく事態が進展します。暴力団関係者が実行犯として逮捕され、その一か月後には社長をはじめ会社幹部らも殺人教唆で逮捕されました。

社長の妻は「殺し屋へ二〇〇〇万円を払った」と供述し、当初の予測通り、組合つぶしを狙った殺人であることが判明するのです。

さて、現在、生コン業界はヤクザとの関係を断ち切ることができたのでしょうか。

いまなお業界を牛耳っている連中には、暴力団との関係が指摘される人物が少なくありません。そうした者たちが、警察や検察と手を組み、「関生追放」の旗を振っているのです。

ただし昔と違うのは、ジャックナイフを手にしたヤクザの代わりに、旭日旗やハーケンクロイツの旗を振りかざしてきた極右、いや、差別排外主義者たちが、登場したということです。

デマを煽り、差別を煽り、ときにネットという武器を用いて労働運動を貶める。

スタイルは違えど、結局、カネで集めた連中に汚れ仕事を任せるといった点では昔と変わりありません。

威嚇、恫喝は続いているのです。

## 大資本が恐れる産業別労働運動

私のことを「生コン界のドン」と呼ぶ人が少なくありません。もちろん直接に私を知らない人ほどそうした物言いをしたがるのですが、特にマスメディアはこの呼称が気に入っているようです。おそらくマフィアのようなイメージを与えたいのでしょう。

浮かび上がってくるのは冷酷無比、暴力支配、カネまみれのイメージです。刑事弾圧を受けるたびに、新聞には「生コン界のドン逮捕」といった見出しが躍ります。ところが、どのメディアにも私の「ドン」としての実像に触れたものはありません。内容的にも「気に入らない企業を攻撃した」「業界を支配した」などと書かれてはいるものの、実際にどのような手法を用いて攻撃、支配をしたのか、具体的に述べた記事はまったくありません。それどころか、私に話を聞きに来た記者もまったくいないのです。警察発表を垂れ流すだけでしたら、こんなにラクな仕事はありません。メディアは業界をしっかり取材することもなく、裏どりもなく、警察情報だけを利用して勝手に虚像をつくりあげているのでしょう。

私が本当に業界を支配しているのであれば、これほどまでに経営者と対立することはなかったでしょうし、関生支部だって圧倒的な組織率を誇ることができたはずです(前述したように、関西の生コン業界には六つの労組があるのです)。なによりも、数度も逮捕されるはずがありません。

ただし、私が「ドン」と呼ばれてしまうのには、仕方ない面もあるのかもしれません。

私が生コン業界に入ってから約六〇年間が経過しました。現在、業界にこれだけのキャリアを持つ人間はいません。経営者にも、協同組合にも、労働組合にも、まず見当たりません。

私だけなのです、業界の歴史を知っているのは。結果的に私が生き字引のような存在となってしまいました。

メディアは私が業界に「強い影響力を持っている」と報じます。それは悪意ある表現ですが、しかし、実際に否定できない「影響力」があるのは事実でしょう。

たとえば、私が逮捕されると必ずセメントの価格は上がるし、一方で生コン価格は下がります。おまけに業界の賃金も下がる。

今回の弾圧によって、業界はどうなったでしょうか。

関生支部とは関係のない生コン労働者までもが賃下げされるばかりか、非正規労働者の割合も増えました。

つまり、大手資本にとってはセメント価格が上昇して歓迎できる事態となったわけですが、生コン価格の下落で中小零細の企業や労働者からは悲鳴が聞こえてくる事態となったわけです。

そうした意味においては、確かに影響力はあるのでしょう。

少しばかり乱暴な言葉かと思われるかもしれませんが、私は、経営者に恐れられる労働組合というのは、けっして間違ってはいないと思うのです。当然のことではないですか。労働者はなめられてはいけないのです。労働者あっての企業です。

いま、日本社会ではそうした原則が守られているでしょうか。企業に恐れられる労働組合が、どれだけあるでしょうか。

週休二日制も、八時間労働も、残業代の割り増しも、男女の雇用格差解消も、いまとなっては当たり前となっているこうした事柄も、すべて労働運動による成果です。各分野の先輩たちが必死で闘い、勝ち取ってきたのです。

私たちもそうでした。

正月三が日以外にも休みがほしい。雨が降って仕事がなくなっても賃金を払ってほしい。トイレにトイレットペーパーを置いてほしい。せめて仮眠時間をもう少しほしい。そんな切実な要求も、すべて闘いを通して〝結果〟を勝ち取ったのです。

同時に、中小零細企業の利益のためにも闘ってきました。

もしも業界に労働運動が存在していなかったら、どうなっていたでしょうか。

労働者の待遇が劣悪なままであったことは間違いないでしょうし、なによりも弱肉強食の論理に巻き込まれた業界は、倒産、工場閉鎖が相次いでいたかもしれません。「谷間」はさらに深くなり、生コン業界はいつまでたっても建設業界の最下層に位置づけられていたはずです。現に、名古屋、東京各地区の労働実態は劣悪で、中小企業の位置も低いのです。

ですから私たちは闘ってきました。雇用を守るため、生きるため、そして業界全体が生き残るために。

関生支部のこれまでの闘いを、荒っぽい、過激、乱暴だと評する人も少なくありません。警察や経営者だけではなく、労働組合のなかにも、そう言って私たちを非難する向きもあります。

確かに「荒っぽく」見えた局面もあったことでしょう。

では、どうすればよかったのか。

ナイフを手にしたヤクザ相手に、「お願いします」と手を合わせて懇願すればよかったのか。

拉致され殴られても、落ち着いて対処すればよかったのか。

仲間が殺されても穏やかにヤクザと接すればよかったのか。

首切りや工場閉鎖、一方的な賃下げに対しても、笑顔で応じればよかったのか。

上品にふるまい、膝を屈し、素直に言うことを聞けば、業界は健全な方向に向かったのか。

私たちは必死なのです。当たり前の労働者として、人間として、生きていきたい。せめて生コン業界で働くことの誇りをもって仕事をしたい。そう思っているだけです。笑って対応するだけの余裕などなかったのです。

しかし、このことはなかなか理解してもらえません。私たちがPR下手であったことは認めます。

ですが、たとえばメディアのなかに、どれだけ本当のことを知ろうと努力してくれた人がいたでしょうか。

二〇〇四年に、ある民放テレビ局から関生支部のドキュメンタリー番組をつくりたいとの依頼がありました。担当者は中小企業の労働運動をきちんと評価したいと話していましたから、私たちは喜んで取材を受けました。カメラクルーは長期間にわたって関生支部の活動に密着し、私たちの話もしっかり聞いてくれました。勉強熱心なスタッフであったと思います。私は本書に書いた通りのことも伝えました。「ドン」と呼ばれるのはなぜなのか、なぜ、私たちは必死に闘ってきたのか。そうしたことも説明しました。

ところが、取材をほぼ終えた時期に、突然の放映中止が決まりました。

おそらく横やりが入ったのでしょう。それが警察筋だったのか、あるいは警察に癒着している社内の記者なのか、それとも業界からなのか、よくわかりません。いずれにせよ、私たちがカメラの前で話したこと、お見せしたことは、すべてボツとなってしまったのです。

担当者は本当に悔しそうでしたから、その人に責任があるわけではないと思っています。やはり関生支部を目の敵とする「何か」が、私たちの露出を許さないのです。

メディアもやはり、国家権力や大資本の論理に屈服しているのかもしれません。

そうしたことから、どうしても私たちの意図が伝わらない。運動の内実が歪められてしまう。

今回の一連の弾圧に関してもそうです。

たとえば、私たちは直接の雇用関係はない企業にもストライキに協力するよう働きかけたことが「業務妨害」だとされてしまいました。

企業内労組だけが労組であるかのような考え方であれば、社外の人間が説得に訪れること自体が「妨害」に見えてしまうのかもしれません。しかし産業別労組の場合、組合員の在籍の有無にかかわらず、業界全体の労働条件改善を求めて闘うことは当然です。

生コン業界に限らず、いま企業内労組に弾かれてしまった非正規労働者が数多く存在します。であれば、そうした人たちの権利を獲得するためにも産業別労組の存在は必須です。

また、関生支部は京都の生コン会社で常用的な日々雇用労働者として働く従業員を正社員に雇用させるよう要求したことが、やはり「強要未遂」に問われ、逮捕者を出しました。

新聞記事では「強要」の文字ばかりが目立ち、その中身が詳述されていませんから、ヤクザの脅しのように受け取られてしまいます。しかし、非正規労働者を正社員にするよう求めることが犯罪なのでしょうか。

この男性は二〇一二年から同社でミキサー車運転手として働いてきました。一七年、彼は関生支部に加入します。私たちは会社に彼の組合加入を通知し、正社員化などを要求して団体交渉を申し入れるのですが、会社側はそれに一切応じようとしません。それどころか、組合加入前は毎年交付してきた「就労証明書」すら発行しないのです。男性は子どもを保育園に入所させるために同証明書を必要としていたのです。

証明書の提出期限が迫っていた時期、関生支部は同社に赴いて、抗議しました。このことも含めて「強要」だというわけです。

ちなみにその後すぐに会社は突然「廃業」すると言い出し、男性は事実上解雇されてしまいます。

地元紙はこの「事件」を「アルバイト男性を正社員として雇用するよう不当に要求した疑い」と報じました。

いったい、何年間も働いてきた男性の正社員化を求めることのどこが「不当」なのでしょう。労組にとっては当たり前の要求ではないですか。また、就労証明書の発行は、子どもにとっても親にとっても重要な問題です。しかも前年までは無条件に発行されていたのです。

中小企業の利益のために大資本と闘う私たちの姿勢も誤解されています。まるで業界ゴロのように報じるメディアも少なくありません。

中小企業の利益を守るのは、この国の消費構造を健全化させることを意味するものです。日本では全企業の九割が中小零細の部類に入ります。そうした企業の経営が安定し、そこで働く人々の賃金が上がったり、労働条件が向上するのは、経済全体を好循環させることになります。一部の大企業、あるいは一部の富裕層だけにお金や権利が集中するのは、やはりおかしい。不健全です。圧倒的大多数のところでお金が回らなければ、経済そのものが循環しなくなる。だから私たちは中小企業の利益、そこで働く人々の利益を常に考えてきました。

個別企業でそれぞれ待遇向上を勝ち取ることも大事です。同時に、私たちは業界全体、社会全体に目を向けてきた。労働組合は社会的な存在だと思っているからです。

だから、国家権力や大資本は私たちの運動に敵対する。力で弾圧するのです。

国家権力や大資本が本当に恐れているのは、単体としての労働組合ではありません。労働組合が中小企業を巻き込み、弱者連合としての労使共闘を成立させ、業界、社会に大きな影響力を持つことを恐れているのです。

彼らが大きな危機感を抱いた時(すなわち私たちの運動が大きなうねりを持った時)、そのたびに警察は「事件」をつくります。

私たちに対する八〇年代の弾圧も、こうした文脈の中で起きました。

八〇年。関生支部、全港湾、そして現在は関生攻撃の先頭に立っている生コン産労の三労組は、共同で大阪兵庫生コン工業組合（地域の業者団体）との間で休日・休暇に関する協定を結びました。これは関西圏における生コン労働者の年間休日を一〇四日間とし、夏期休暇は八月一四日から二〇日までとする内容です。この協定も、業界の底上げに結び付く画期的なものでした。

休日の確保と夏期休暇の統一は、生コン労働者にとっては悲願でもありました。

休んでいる間に他社に仕事を奪われてしまうのではないか、そうした不安が業界にはありました。ですから経営者だって、休みたくとも休める状況にありませんでした。それまで就業規則に記載されていた休日の条件など、有名無実に過ぎなかったのです。

労組と経営者たちでまとめた休日に関する協定は、実際、多くの企業と労働者から歓迎されました。少なくとも盆休みくらいは取りたいというのが、誰にとっても本音だったのです。

ところが一部地域で、これを「拡販」のチャンスととらえる業者が現れました。つまり、抜け駆けです。休日に関する協定を破り、他社が休業している間にプラントをフル稼働させ、ここぞとばかりに利益を上げるやりかたです。

休み返上で働かされる労働者も悲惨ですが、こうしたことを認めてしまえば協定の意味はありません。市場が混乱するだけです。底なしの競争が繰り返されてしまいます。

事態を重く見た私たちは、大阪兵庫生コン工業組合に協定履行のため、各地の協同組合を指導するよう求めました。当初は業界の自主解決に任せたのです。

ところが大阪府堺市をエリアとする阪南地区生コンクリート協同組合（阪南協）だけは、協定違反企業に対し、何の措置も取らなかった。協定無視を放任したわけです。

阪南協はもともとメーカーの直系工場が多く、他の地域と比較して労働条件も悪かった。メーカーの顔色ばかりを窺う経営者ばかりでした。生コン産業として自立できていなかったのです。

自主解決が難しいのであれば、労働組合が動くしかありません。

関生支部は阪南協に対して抗議活動を展開しました。「過当競争によって業界共倒れになってもかまわないのか」。私たちはそう訴えました。いま考えれば、協定違反企業もメーカーの拡販指令を拒むことができず、言いなりになるしかなかったのでしょう。それが中小企業の悲しいところです。とはいえ、それで業界全体が倒れてしまっては意味がない。

この年の九月、私たちの抗議活動の成果もあり、ようやく違反企業が「出荷を強行して業界に混乱を与えた」「今後は中小企業の健全な発展に向けて努力する」といった内容の合意書にサインしました。

これで混乱も収まったと安堵したのもつかの間、その一週間後になんと、刑事弾圧がはじまるのです。

このときもやはり――威力業務妨害や恐喝、といった容疑が科せられました。

理不尽な話ではないですか。なぜ、解決済みの話が、業務妨害となってしまうのか。本当に妨害行為であるのならば、交渉の最中に警察を呼べばいいだけの話です。しかも私たちは協定を守るよう、申し入れをしているのです。これがなぜ恐喝なのでしょう。

あきらかにデッチ上げのこの「事件」に、しかし大阪府警は四〇〇人もの機動隊員を動員して、事務所の家宅捜索をおこないました。完全武装の機動隊員が事務所を取り囲む風景は異常としか言いようがありません。

しかも阪南協や協定違反企業に対する抗議活動は他労組と合同でおこなったものでしたが、組合員が逮捕されたのは関生支部だけでした。また、家宅捜索で押収されたのは大会議案書や組合員数など組織実態に関係するものばかりです。警察や検察の取り調べも、抗議活動のことよりも、組織の内実に関することばかりに集中しました。

あきらかに「関生つぶし」が目的でした。

しかし、それでも休日・休暇の協定は弾圧にもかかわらず、きちんと遵守されました。「事件」のきっかけとなった協定は、その後、九六年に年間休日一二五日（完全週休二日制）と改定され、大きく前進しています。

弾圧を受けても、私たちが取り組んだ運動は、中小企業やそこで働く労働者の労働環境改善に間違いなく貢献したのです。

全国の生コン業界で、ここまで整備された労働条件は存在するでしょうか。

地域によってはいまだ統一した休日も定まらず、なかには長時間労働や残業代の不払いまでもが横行しているところがあります。こうした地域では当然、業者間競争も激しく、不当廉売も当たり前のようにおこなわれています。もちろん労働運動はないに等しい。労働者の賃金もおそろしいくらいに低水準です。

大阪のタコ部屋から生まれた関生支部の運動は、ヤクザと闘い、中小企業を取り込んで大資本と闘い、弾圧を受けながら、しかし、確実な成果を、全国的にも例を見ない高水準の労働条件を関西に根付かせました。

繰り返します。だからこそ、関生支部は「恐れられた」のです。

八一年、セメント業界紙『セメント新聞』は「特殊地区といわれる大阪・兵庫」なる大見出しで、次のような記事を掲載しました。

〈特異な労使関係

関西地区は労使関係が強く、かねてから問題視されてきたところだが、昨年一一月現在、旧関西生コン経営者連盟調べによると、労組の組織率は七五・二パーセントとなっている。一方、生コン協組、工組も共販体制の確立からセメント、流通、建設に対し強い力を持つようになった。生コンに金と人をつぎ込んできたセメントは、いまや危惧の念を抱きながらもなすすべがない状態だ〉

（同年六月二〇日）

労組の組織率だけでなく、業界の結束まで気に入らないという、大資本の苛立ちを示したような記事です。

ちなみにこのころ、全国の生コン業界における労組組織率は一割程度でした。確かに関西だけが突出しています。つまり、それだけ関西は労働条件もまた突出していたことを意味します。同じく業界紙の『コンクリート工業新聞』も六月一一日紙面において、日経連（当時）会長でセメント協会会長である大槻文平氏の以下の発言を掲載しています。

〈組合運動の範囲を超えた組合があって、セメントの不買なども行われており、こうした動きは十分警戒しなければならない〉

「範囲を超えた組合」が関生支部を指していることは前後の文脈から考えて間違いありません。大槻会長は「人斬り文平」の異名を持つコストカッターとして知られていました。当時はセメント大手の三菱鉱業セメントで会長も務めています。上記発言はセメント資本を代表する〝見解〟だったと思います。

大槻会長はさらに日経連の機関紙でもこう述べました。

〈関西生コンの運動は資本主義の根幹にかかわる運動をしている〉

果たして私たちは本当に「根幹」に迫ることができたのか。その評価はみなさんに譲りますが、しかし、ここまで大資本を追い込んだ運動の強さは、私たちの誇りでもあります。どれだけ組合つぶしの妨害を受けても、刑事弾圧を受けても、私たちは引かなかった。しっかりと権利獲得を積み重ねてきた。その成果が、大槻会長ら資本家には許せないものだったのでしょう。

さらに言及しますと、大槻氏は自身が会長を務める三菱鉱業セメントが、関生支部から追及を受けていることも気に入らなかったのだと思います。

先述した「阪南協事件」で逮捕された組合員のうち二名は、三菱直系の工場で働いていました。私たちは背景資本としての三菱に鋭く責任追及を迫っていたのです。

また、同じ時期に、やはり三菱直系の生コン工場で争議が起きていました。「鶴菱運輸闘争」と私たちが呼んでいるものです。

川崎市（神奈川県）に本社のある鶴菱運輸は、三菱鉱業セメントも出資してつくられました。同社では長きにわたって運転手組合（新運転労組）から人材の供給を受けて、ミキサー車運転手を雇用していました。ところが七六年、突然に運転手の雇用契約を破棄し、全員を「日々雇用＝日雇い」にすると通告したのです。

この一方的な不利益変更に憤った労働者たちが、私たちの上部団体だった全自運（翌年から運輸一般に改称）に加入しました。すると会社側はこの労働者を解雇したのです。

翌年から運輸一般はもちろん、私たちも立ち上がりました。関生支部はオルグ団を関東に派遣するなど、争議を全面的に支援しました。

まずは三菱製品の不買運動を呼びかけました。「三菱」と付くものは一切購入しない。セメントはもちろんですが、飲み屋ではキリンビール（三菱資本）も飲まなかった。

三菱鉛筆も排除しようと職場の鉛筆を点検する動きもありましたが、同社は三菱資本とは無関係の会社だということが判明し、あわてて撤回したこともあります。

また、三菱グループが集中する丸の内（東京都）でも抗議街宣をおこないました。これには大槻会長も激怒したと言います。

結局、「鶴菱運輸闘争」で音を上げたのは三菱の方でした。三菱鉱業セメント大阪支店では、関生支部と中小業者の協力による不買運動で、売上高が大幅ダウンとなりました。同社幹部も「このままではセメントのシェアが関西ではなくなってしまう」と周囲に漏らしていました。

八一年六月、鶴菱運輸と運輸一般は協定を交わし、五年に及ぶ闘争が集結しました。私たちにとっては完全な勝利和解でした。

だからこそ大槻会長は関生支部に向けた呪詛の言葉を吐き続けたのです。

私たちはその後も中小企業との連携を進めていきました。労働条件の改善、向上も勝ち取っていきます。

労働運動の高揚を恐れる国家権力や大資本の危機感も続きます。

大手セメント各社が子会社の生コン工場を集めて「弥生会」なる労務対策グループをつくらせたのもこの時期です。同会は関生支部と交わした労働協約を破棄させるなど、めちゃくちゃな労務政策を指揮しました。

国家権力がこの動きに呼応します。八二年六月四日、警察庁長官の三井脩氏が次のような訓示を述べました。


〈労働運動では激しい賃金闘争や要求闘争の高まりが予想される〉

〈関係動向を早期、的確に把握し、周到綿密に総合的に事前に対策を推進し、事案発生に関しては「違反行為は看過しない」という基本方針の下に関係法令を活用し、現行犯逮捕を原則とした厳正な警察措置を徹底して事案の早期鎮圧と拡大防止に努められたい〉


要するに弾圧宣言です。あらゆる法令を駆使して「鎮圧」をすべしとはっぱをかけたのです。

私たちの地元、大阪でも同府警が五〇名規模の専従捜査班を設置、「関生支部から労働争議にかこつけて金銭をゆすり取られたと被害届を出せ」と生コン業者を回って脅しました。

一方、大資本の側からは警察以上に物騒な物言いが目立つようになりました。

たとえば同年、日経連は元役員を講師として「運輸一般について」と題した講演会を開催しています。講演記録によれば、講師は次のような言葉を残しています。

〈法律など守っていたら組合をつぶすことはできない。我々のバックには警察がついている〉

すごい発言です。法律など守っていられるかと呼びかけているのですから。労組弾圧のためであれば、無法、違法など眼中にないということなのでしょう。今日、大阪広域協組が同様なことをおこなっています。

また、同じ年の夏には日本政治経済研究所なる団体が、企業人向けの研修を開催しました。研修テーマは「運輸一般とはどんな組合か」です。研修で使用された資料は後に外部に流出するのですが、そこには次のように記されていました。

〈関西生コン支部の闘い方の実践＝問題がこじれると親会社、銀行へ押しかける〉

資本の側が労組の背景資本に対する取り組みを何よりも恐れていることが、よくわかる文言です。

私たちが中小企業との連携とともに、セメントメーカーなどの背景資本に対する取り組みを重視していることは、本書で何度か触れてきました。親会社にしっかりと責任を認めさせるのは大事なことです。

ちなみに背景資本への取り組みは、六〇年代から七〇年代にかけて全国金属労働組合（全国金属）が取り組んだ「川岸工業闘争」に影響を受けたものです。

六七年、全国有数の鉄骨・橋梁メーカーである川岸工業の仙台工場が、赤字を理由に工場閉鎖すると同時に、一八一名の従業員を全員解雇しました。全国金属は総力を挙げて解雇撤回闘争に入るのですが、その過程で仙台工場の従業員が、実は川岸工業の子会社の従業員であったことが判明します。川岸工業は解雇の責任を子会社に押し付け、さらに、工場の設備や資材、製品はすべて親会社のものであると主張したので、労組は労働債権確保のための差し押さえもすることができませんでした。

しかし全国金属は諦めなかった。裁判闘争で子会社の法人格を否認させ、親会社に賃金や退職金の請求を認めさせたのです。つまり子会社の問題は親会社に責任があるという、使用者概念の拡大を実現しました。

私たちはそこから、資本の従属関係を学びます。子会社だけに戦いを挑んでも、資金力を持

分裂後の集団交渉（1984年1月）

たない子会社であれば、どうにもできない。また、子会社は親会社の言いなりになることだけが求められています。であれば、子会社の背景に位置する親会社、生コン業界で言えばセメントメーカーに対して責任追及しなければならない。

そうして私たちは、背景資本への闘いを七〇年代から本格化させるのです。そして八〇年代に入ると一年間で一〇〇〇人単位で組合員が増えたのです。原発下請労働者、バス・タクシー・トラック各産業の労働者が加入し、関生型運動が、名古屋、静岡、東京各地で広がったのです。

これは大きな成果を収めると同時に、セメントメーカーの反発も招くのですが、この時代にもう一つ、私たちは大きな試練を抱えました。

運動方針の違いから、私たちは上部団体の運輸一般と決別します。それまで私たちの闘いを高く評価してきた運輸一般が、突然に「関生批判」を始めたことがきっかけです。相次ぐ弾圧事件、争議に、日本共産党と近い関係にあった運輸一般が、このままでは党のイメージダウンにつながるかもしれないと考えたのでしょう。私たちからすれば突然にはしごを外された、いや、後ろから鉄砲を撃たれたような気持になりました。

組織分裂を強いられた関生支部は、この混乱の中で三〇〇〇人の組合員のうち約半数を失っています。

八四年、関生支部は建設産業の労働組合である「総評・全日本建設産業労働組合」(総評・全日建)とともに再スタートを切ることになります。

正式名称は「全日本建設運輸連帯労働組合関西地区生コン支部」。

この時期、「連帯」という響きには特別な意味がありました。社会主義国ポーランドにおいて、自主管理労組「連帯」が誕生したのは八〇年です。この言葉には旧弊打破、反官僚制の願いを込めた希望が詰まっています。

私たちは新しい時代への飛躍を目指して、組合名に「連帯」の文字を加えたのでした。

そして、当時の総評と日本社会党の全面支援を受け、組織を立て直すことができたのです。

第4章

# 大同団結

## 安値乱売で「がけっぷち」

「生コン業界がけっぷち」――。

こうした見出しが『朝日新聞』(大阪本社版)の紙面に大書されたのは一九九四年三月一四日でした。

当時の生コン業界の実情が詳報されたものです。以下、記事本文から一部を引用します。

〈中小・零細業者が集まる生コン業界の振興策として、国が進めてきた協同組合方式がピンチだ。品質確保、安定供給のために、十数年前から全国で結成されたが、「アウトサイダー」と呼ばれる協組に入らない業者が増え、安売り競争が激化しているからだ。建設不況とゼネコン汚職の摘発で需要が減り、原価割れ出荷が続いて倒産・工場閉鎖も相次ぐ〉

〈通産省などによると、一九九一年以降、全国で百以上の会社が倒産、廃業した。近畿が最も多く三十五件、次いで東海、関東の約二十件〉

〈その近畿地方で、最も激しい競争を繰り広げているのが東大阪地区だ。この四年間で、主

な業者の四割近くにあたる十三社が倒産したり、工場を閉鎖した。それでもなお、供給過剰の状態にあるという〉

この記事が示すように、九〇年代初頭における関西の生コン業界は、まさに「がけっぷち」にありました。安値乱売が倒産や工場閉鎖を招いたのです。

このように混乱した状況をどうにか立て直したいとの思いで、私たちは協同組合の必要性をさらに感じるようになります。

九〇年代は、まさに「破壊と創造の季節」でもありました。

具体的な動きに入る前に、あらためて生コン業界の特徴を説明したいと思います。

生コン業界は経済成長とともに拡大しました。それでも一貫して建設業界の最底辺にあり続けたのは、その商品特性に起因します。

生コンは、それじたいが完成された商品ではありません。建設資材のひとつであり、〃半製品〃というべき特殊なものです。製造方法は日本工業規格（ＪＩＳ）にもとづいて標準化されているので、商品の差別化は難しい。しかも他業種と比較すれば小資本での開業も可能なため、新規参入も招きやすい。常に過当競争、過剰供給に陥る可能性があるのです。

大事なことなので何度も繰り返しますが、生コンは、建設を請け負うゼネコンからの発注にもとづいて製造します。中小零細企業である生コン業者が、ゼネコンと対等に交渉できるわけもなく、安値で買い叩かれることが常となっています。

さらに生コンはセメントを材料とするものですが、そのセメントを販売するセメントメーカーもまた大企業であり、これまた生コン業者が対等に渡り合える相手ではありません。高値で売りつけられるのを、多くの場合は黙って引き受けるしかないのです。

だからこそ、過当競争の結果としての倒産が相次ぐばかりか、粗悪生コンも出回ってしまう。生コン業界はずっと、限られたパイを貪欲に食い合ってきたのです。

これをぎりぎりのところで食い止め、業界の安定を図るには、中小零細企業が連携、団結し、採算の取れる生コン価格を設定するしかありません。そのために必要なのが協同組合なのです。

協同組合とは「共同・協業」のための組織です。共同の「共」はハードの結合、協業の「協」はソフト、つまり人材の結合。業者自身が力を持ち、主体性を発揮していくことが目標です。

先の章でも触れましたが、私たちは七〇年代から、その必要性を訴えてきました。

七六年に生コン企業の経営者たちと業界の未来像について話し合った「政策懇談会」で、関生支部は次のように記されたパンフを配布しています。

〈中小は共同受注・共同納入できる体制づくりを急務とし実現させなければならないのであ

る。大手商社、ゼネコン、セメントメーカーの中小企業に対する大収奪政策の転換を求める運動こそ、中小企業と労働者の権益を守り発展させる方向であることを明らかにして闘うことが強く求められている〉

先見の明があったのだと自画自賛するつもりはありません。実際、いまだ協同組合が理想の形として存在していないことは、私たちの力不足でもあるのです。

しかし、方向とすればけっして間違ってはいない。そのことには自信があります。

「生コン業界が生き残る道は協同主義しかない」

これは、協同組織論の第一人者、明治大学名誉教授の百瀬恵夫さんの言葉です。

二〇〇三年五月に開催された「関西生コン創業五〇周年記念シンポジウム」(関生支部後援)に出席していただいた際、百瀬さんがおっしゃったことで、いまでも強く印象に残っています。

百瀬さんはさらに次のように話されました。

「世の中がどういう仕組みで中小企業を苦しめているのか。中小企業は誰も救ってくれない。では、どうするべきか。生き残る道は協同主義しかない。組織の力を頼り、組織の利益をみんなで還元するのは当然のことだ。生コン産業は受け身の産業で、売り込んで需要の増える産業ではない。今後、公共事業も民需も減少する。ならば、限られた需要をどのように業界が受け止め、価格を決めるかとなると、個々バラバラでは話にならない。需要が減り、苦しくなればなるほど、協働組織というものを生かすべきである」

「労働組合も協同組合も、弱い人が生きるための組織であるということでは共通している。弱いからこそ共同で業界を改善していかなければならない」

競争から協調に向かうことこそが労使双方の利益に適うのだと主張されたのです。

百瀬さんはけっして労働組合に近い立場の人ではありません。『武士道』といった本を出されたり、勤務先の大学では柔道部長を務められるなど、イデオロギー的には私とは対極の場所にあるのかもしれません。

しかし、生コン業界の「生き残る道」とは何か、という点では一致した考え方を持っていました。

経済のグローバル化にともなった弱肉強食主義に抗すべき最も強力な方法は、共同化・協業化しかないのだと、百瀬さんのお話を聞きながら、私もあらためて実感したのでした。

さて、九〇年代初頭に話は戻ります。

前述したとおり、生コン業界は安値乱売で荒涼とした風景を見せていました。

メーカー直系の生コン業者が八〇年代に労使協定を破棄したことで、秩序を無視した安値競争を招いてしまったことが原因です。

経営者たちは労組を嫌うあまり、自らの首を絞めてしまったと言わざるをえません。経営者同士が競争によっていがみ合い、対立し、過度な競争に突き進んでしまったのです。

関西各地の協同組合もボロボロの状態でした。

国は七〇年代から業界の混乱を防ぐために協同組合化を支援してきました。関西はもとより、全国で協同組合が設立されるのですが、本来の目的に沿った運営をしていたところはほとんどなかったはずです。

関西でも生コン関係の協同組合は、単なる業者団体にすぎませんでした。それどころか協同組合は労働運動と敵対するときだけ一致し、労務屋まがいの政策をとっていたため、労働者からの信頼もなかった。

大阪市と近隣地区には当時、五つの協同組合が存在しましたが、まるで機能していません。少しの重石にもならないのですから当然、協同組合に入らない業者、いわゆるアウトサイダーの業者が急増します。

九〇年は関西全体で、アウト業者が協同組合加入業者の数を上回りました。アウトとインがほぼ半々の勢力となったのです。アウト業者はなんの縛りもなく自由に価格設定しますから、安値に拍車がかかります。倒産企業が相次ぐのも仕方のないことでした。

それみたことかと突き放したくもなりますが、そういうわけにはいきません。労働者の首がかかっているのです。私たちもまた、苦しい立場に追い込まれました。

九一年のことでした。ついに業者の側から、危機感を訴える動きも出てきます。

この年、大阪市内にある協同組合のひとつ、東大阪生コンクリート協組（東協）が、私たちに「これ以上の値崩れを阻止するために、どうにかできないか」と相談を持ち掛けてきました。値戻しの協力をしてほしいというのです。

東協には二一社の生コン企業が加盟していましたが、これまで無策を通していたため、アウト業者の数は三〇社にも達していました。アウト業者は値下げ攻勢をかけてきますから、生コン価格も相応に下落していきます。七〇年代に一万四〇〇〇円（一立方メートル）だった生コン価格も、このときには一万円を割っていました。

値戻しさせるためには、アウト業者に対し、協同組合加盟を呼びかけるなど、正常化のための取り組みが必要となります。さらにはセメントメーカーやゼネコンに対する要請もしなければなりません。しかし、東協には単独でそれを成し遂げるだけの力がありませんでした。そこで、労組に協力を依頼してきたのです。

私たちは早速、東協と懇談しました。私たちは値戻しに向けて全面的に協力することを約束すると同時に、東協に向けてはこれまでの労組敵視政策を中止するよう求めました。

互いの合意のもと、関生支部は動きます。

まず、セメントメーカーに対してはアウト業者へのセメント販売を控えるよう呼びかけ、ゼネコンに対してもアウト業者に発注しないよう要請しました。

ところが、ゼネコンもセメントメーカーも協力に応じるどころか、なんと、労組に協力を依頼した東協の解体に向けて動き出すのです。

なかでも日本セメント、三菱マテリアルの両社は、東協に加盟する自社の系列会社に強い圧力をかけました。つまり、協同組合からの脱退カードをちらつかせるよう指示したのです。

そのうえで労組に協力を要請した協組理事たちの追い落としを狙い、人事にも介入していきます。

さらに徳山セメント系の工場は、実際に東協を脱退してしまいます。

ゼネコンもまた「労組と協力して値戻しを図る企業には発注しない」と、各社に脅しをかけました。

大資本というのは、いつも自分たちの利益しか考えないものです。安値乱売を招こうが、自社だけが生き残ればそれでよいのでしょう。

生コン会社が倒産しようが、業界丸ごと淘汰されようが、どうせ生コン会社なんて、すぐにつくることができる、資金も経験も必要ない、とでも思っているに違いありません。

ごちゃごちゃ言われるくらいならば、いっそつぶしてしまえと考えているはずです。

また、この件をもってしても、大資本が協同組合を嫌うことがはっきり確認できると思います。

結局、東協と協力して進めた運動はつぶされてしまうばかりか、東協も活動停止に追い込まれてしまったのです。

ちなみに、活動停止を発表する記者会見で、東協は次のように記されたリリースを配布しました。

〈協組活動の停止に至った理由は、協組の大同団結を阻害する行動をとった徳山セメント及び徳山生コングループのセメントの拡販政策によるものです〉

労働組合のように怒りをストレートに伝えるものではありませんが、セメントメーカーの妨害にあった経営者の悔しさだけは伝わってきます。

このときは労・協連携が失敗に終わります。

ただし、これは業界にさらなる混乱を招き入れる一因ともなりました。

値崩れがさらに進みます。倒産も相次ぎました。もはやチキンレースです。経営者とて、明日は我が身と震える毎日が続くのです。

そうした状況下、いよいよ私たちにとってもリベンジを果たす機会がめぐってきます。きっかけは、九二年春に三菱グループが発表した大阪アメニティパーク（ＯＡＰ）計画です。大阪市北区天満橋のウォーターフロント約七万平米の敷地に、オフィスビルやホテルなどを建設する大開発事業でした。現在、同地には大阪帝国ホテルや、商業施設のＯＡＰタワー、マンションなどが建ち並んでいます。

この開発事業が発表されたとき、バブル崩壊の後遺症に苦しむ大阪の建設業界は沸き立ちました。生コン業界も同様です。大阪市内をエリアとする大阪地区生コン協組（市内協）は久しぶりの大事業に喜びました。三菱グループの計画通りに工事が進めば、二五万立方メートルもの生コンが必要となるからです。これは市内協の三か月分の集荷量に相当します。低迷する生コン業界にとっては、まさに恵みの雨でした。

ところが、皮算用を始める業者を崖下に突き落とすような話が伝わってきました。三菱側は、事業に使われる生コンをすべて建設現場に設置する三菱マテリアルの現地プラントで賄うと公表したのです。グループの利益だけを重視し、生コンまで三菱で独占するという計画でした。

こんなことが許されてよいのでしょうか。

三菱と言えば、かつて私たちが不買運動まで呼びかけたほどに、業界を苦しめてきたグループです。東協が混乱した際にも、協同組合つぶしに加担してきました。

私たちは早速、大阪市役所に対し「三菱の工事計画は利益の独占であり、その煽りで中小企業の倒産は必至である」との申し入れをおこないました。同時に、各所で「大資本による独占を許すな」と訴える宣伝活動も展開しました。

これには、さすがに労組への敵視を続ける生コン会社からも賛同の声が相次ぎました。運動の成果もあり、三菱側はついに二五万立方メートルのうち一〇万立方メートルを市内協に委ね、残り一五万立方メートルに関しても、賦課金を市内協に収めることを約束します。

当時、関生支部は市内協エリアにおける組織率はそれほど高くありませんでした。つまり、労使関係のない企業のために活動したことになります。しかし、産業別労組として、業界全体の利益を考えた活動は当然のことでした。市内協に加盟する各社も、労使関係にない関生支部に対し、賛同こそすれ、非難することなどありませんでした。

むしろこのときの関生支部の運動こそが、業界の大同団結の下地になるのです。

## 大阪広域協組の誕生

大阪市内のホテルの一室に私が呼び出されたのは九四年二月六日のことです。その日集まったのは、大阪と神戸の各生コン協同組合の理事たち、生コン産労の幹部、そして私です。

経営側の人間が、労働組合に協議を申し入れたのでした。

こうして経営側の重鎮たちと顔を合わせるのは久しぶりのことでした。また、生コン産労とも八〇年代には共闘を解消し、けっして良好とはいえない関係にありました。ですから、必ずしも和気あいあいといった雰囲気ではありません。

用件を切り出したのは経営側です。

「業界を再建したい。そのためには労働組合の協力が必要だ」

不倶戴天《ふぐたいてん》の敵である私たちに「協力」を求めなければならないほどに、経営側も追い詰められていたのです。

どのように協力すればよいのかと問う私に対し、理事の一人はこう答えました。

「あらたに広域の協同組合をつくりたいと思っている。ついては、アウト業者を協組に加入させるよう、労組が動いてくれないか」

かつて東協が私たちにお願いしたことと同じです。ただ、今回は規模が違いました。大阪と神戸、すべての協同組合を統一し、生コンの値戻しを実現したいというのです。

そのころ、大阪地区において協同組合に加盟している業者は四割程度でした。残りはすべてアウト業者です。これを一本化した協同組合に加入させるだけの力は経営側にありません。協同組合の組織化は、私たちが日ごろから訴えてきたことでもあります。協力することは当然です。苦境を乗り切るには、業界が団結するしかないのです。

ただし、危惧すべきこともありました。

協力を求めている経営者たちは、これまでずっと関生支部を敵視してきました。私とすれば、無原則に歩み寄りたくはありません。

さらには東協での苦い経験もあります。労使で苦境を乗り切ろうと合意したものの、セメントメーカーとゼネコンの反撃によって、値戻し計画は頓挫してしまいました。大資本からの攻撃に耐えきるだけの覚悟がなければ、戦いに勝つことはできません。

私はその点を問い質しました。そのうえで労組敵視の労務政策を完全に引っ込めるよう要求しました。

経営者たち、つまり各協同組合の理事たちは、私にこれまでの労務政策を撤回すると約束しました。さらに、協同組合を単なる業者団体から脱却させることにも同意してくれました。

協同組合は共同で受注し、加盟業者に振り分けるシステムをつくりあげることに意味があります。採算の取れる価格設定をし、共同受注・共同販売、シェア運営することで無駄な業者間競争を防ぎます。しかし、それまでの協同組合は名ばかりで、価格設定などまるでできていませんでした。アウト業者との競争で疲弊するだけでなく、協同組合内部での競争も防ぐことができていなかったのです。

理事たちは「本来の協同組合を目指す」と強調します。

まさに「生き残る道」をようやく理解した瞬間だと思います。

これで決まりです。業界の大同団結に向けて関生支部は最大限の支援をすることを、私もその場で約束しました。もちろん、それから二五年後に、協同組合が私たちを暴力集団呼ばわりし、刑事弾圧を招き入れることなど想像していませんでしたが。

労働組合と協同組合が本当の意味での協力を果たすことができれば、必ず値戻しすることができます。そして、その成果は生コン労働者の待遇向上に結び付けることができるはずですし、最底辺と言われる生コン産業そのものを浮上させることだって可能です。業界そのものが影響力、存在力を発揮することが大事なのです。

私がその信念を持つきっかけとなったのは、七九年にイタリアへ視察に出かけた際、目にした光景です。このときはＣＧＩＬ（イタリア労働総同盟）の案内で、様々な労働現場を見て回りました。

街中に奇妙な建物がありました。すでに完成したホテルなのに、オープンしていない。いったいなぜかと訊ねたら、ＣＧＩＬの担当者がこう答えたのです。

「工事の過程で雇用をめぐるトラブルが発生した。これが解決するまではホテルをオープンさせないことで、労組と業界団体が合意している」

なるほど、と。デベロッパーの都合よりも、労働者の雇用が重視される。こうした影響力を持ちたいと思いました。いや、このような社会環境を日本でも構築したいと願ったのです。

経営側の協力要請を受け、私たちは早速、各協同組合の統一、つまりは広域協組の設立に向けて動き出しました。

まずは関生支部、生コン産労、全港湾の三労組で「生コン産業政策協議会」を設立しました。七〇年代に立ち上げ、その後、権力と資本の攻撃で消滅した政策運動の枠組みを復活させたのです。

この三労組で、アウト業者対策に取り組みました。関西各地を走り回り、アウト業者に協同組合への加入を呼びかけたのです。

簡単なことではありません。アウト業者は協同組合を無視して安売りすることで、存在感を発揮してきたのです。こちら側の要請に、簡単に応じるわけがありません。

なぜ、組織化が必要なのか。なぜ業界がまとまることが大事なのか。そうしたことを粘り強く訴え続けました。

アウト業者のなかには一か月に数万立方メートルを出荷している大規模業者もありました。安値乱売でシェアを伸ばしてきたのです。しかしこうした業者は多くの場合、労働条件も劣悪です。ある大規模アウト業者では、全港湾の組合員を解雇していました。私たちはこれに抗議し、同時に協同組合加入も求めて数か月に及びストライキをおこなっています。

協同組合にはこうしたことはできない。でも、私たちならば可能なのです。

結果としてこの業者も協同組合加入へ動いてくれることになります。

これこそが労組の存在感だと思うのです。

さらに私たちは永田町にも出向きました。

五十嵐広三建設大臣（当時）に面会し、生コン業界が過当競争によって原価割れの状況に直面し、倒産や廃業が相次いでいることなどを説明しました。

「このままでは大量失業など社会問題に発展する恐れがある」

こうした訴えに対し、五十嵐大臣も業界の実態調査をするよう近畿地方建設局に伝えると約束してくれました。

　実際、その一か月後に近畿地方建設局は私たちとの面談にも応じ、業界正常化に向けた「適切な対応」を検討することに同意してくれました。

　一方、業界の大同団結に対して、冷淡な態度をとり続けたのがメディアです。

　協同組合の機能を強化し、労使が大同団結することを、まるで「談合」のようにとらえ、工事費用が高くなるだけだと批判する論調が相次ぎました。

　メディアは協同組合が力を持つことが、規制緩和に逆行し、経済の自由競争に反するものだという認識を持っています。

　新聞記者などは、なぜ手放しで規制緩和と自由競争を持ち上げるのでしょうか。自分たちの業界はしっかりと再販制などの規制に守られているにもかかわらず、他業界の規制にはとことん冷淡なのです。

　生コンをまったくの自由競争に任せたらどうなるでしょう。ゼネコンの買いたたきに応じて、生コン業者による生き残りをかけたバーゲンセールが始まるに違いありません。安値であることだけが「売れる」条件となるのですから、品質も落ちていくことでしょう。結局、業界が共倒れし、労働者の首切りが相次ぐ。生コンの品質低下で欠陥住宅や建物が量産される。それでも構わないというのでしょうか。

「生コン産業危機突破」 労使共同決起集会（1994年7月31日）

『朝日新聞』はこの時期、協同組合の強い地域では、「公共事業も高い買い物をしている」といった記事を掲載しています。

私たちはこれに猛然と抗議しました。「高い買い物」とはいったいなんなのだ。では、我々の人権は安価で構わないのか。そう強く訴えると、同社は再取材を約束し、その二か月後に本章の冒頭で紹介した「がけっぷち」の記事が掲載されたのです。

九四年七月三一日、関生支部を含む三労組で結成した「生コン産業政策協議会」の主催で、「生コン産業の危機突破・業界再建を目指す自動車パレード」が開催されました。

決起集会会場の大阪南港には約三〇〇台のミキサー車が集結し、そこを起点として市内をデモ行進しました。

この日、デモに参加したのは一〇〇〇人の組合員だけではありません。大阪各地の協同組合理事や生コン会社の経営者も多数、参加しました。

私は決起集会で次のように挨拶しました。

「三団体による共闘は大きな社会的影響力を発揮し、組織を超えた団結、行動力が共通目標に対する確信となり、歴史的意義のある集会となった。さらに業界が仮死状態に追い込まれ、団結する以外に打開策がないという客観条件こそが、一二年間に及ぶ労使対立を乗り越えさせた。いまこそ歴史的教訓を生かし、労使が一致して共同受注、共同販売を再構築し、広域協組設立を成功させよう」

いまでも「画期的」だったと思っています。労働組合主催の集会で、経営者が共にこぶしを振り上げることなど、それまで一度もなかったのですから。この日、ようやく労使は危機感を共有し、同じ場所に立つことができたのです。

そして同年一一月四日。大阪市内のホテルで大阪広域生コンクリート協同組合が正式に発足しました。大阪、北大阪阪神、東大阪、阪南、南大阪の五つの協同組合が合併し、大阪広域協組として新たなスタートを切ったのです。私たちが経営者側の協力依頼を受けてから、九か月後が経過していました。猛スピードで突っ走ってきたような気もします。経営側が雇ったヤクザに脅されていた時代を考えれば、感無量としか言いようがありません。

大阪広域協組初代理事長松本光宣氏（住友大阪セメント出身）は、「我々は草食動物だ。団結しなければ肉食動物におそわれる」「労働組合とも協力連帯して肉食動物（大企業）と共に闘うことが必要」とあいさつしました。

ただし、目的が完全に実現できていたわけでもありませんでした。

アウト業者のなかには私たちの説得に耳を傾けない業者も多く、その時点での協同組合組織率は、まだ半分程度でした。また、経営側にも労働組合側にも、互いへの不信感を払しょくできていない人もいました。

本当に大同団結できるのか。本当に業界再建は可能なのか。けっして少なくない人が不安を抱えていたと思います。

翌九五年、ついに共同受注・共同販売の体制が整いました。不公平がないようにシェア割をし、競争から協調に動いたのです。

もちろん大資本からは様々な圧力がありましたが、今度ばかりは協同組合も動じませんでした。

すると、どうでしょう。翌九六年には七〇〇〇円（一立方メートル）にまで値下がりしていた生コン価格が、一万二〇〇〇円にまで回復したのです。原価を割り込み、売れば売るほど赤字だとも言われていた生コンが、ようやく利益を出せる価格にまで戻ったのでした。

アウト業者への説得活動も続けました。九六年、ついに協同組合組織率は七〇パーセント(加盟社一〇〇社)にまで達します。一〇〇社を抱えた組織というのは日本で最大規模です。数は力なり。これだけの規模で団結すれば、大資本の圧力だって跳ね返すことができます。

その後も市況は値上がりを続けました。組織率も上昇していきます。

成果はそれだけにとどまりません。

九七年には生コンの販売に関して完全現金化を実現させます。それまでゼネコンなど建設業者からの支払いは「半金半手《はんきんはんて》」が慣例となっていました。これは代金の半分は翌月振り込み、残り半分は三〜六か月後に手形で支払われるというものです。しかしこの制度は中小零細企業にとっては厳しいものです。できれば売り上げはすぐにでも現金でもらいたい。そうした経営者の願いが、協同組合の取り組みにより「完全現金化」を実現させることになりました。これは全国の協同組合のなかでも極めて珍しい成功例だと思います。

また、生コン業界では初めての瑕疵《かし》担保保証制度も導入しました。品質が悪かった場合、広域協組が全額補償するという制度です。これは生コン品質を維持するうえで重要なことでしたし、施工主にも喜ばれました。アウト業者との差別化を図ったのです。

労働条件も前進します。

完全週休二日制を導入し、年間休日は一二五日と決まりました。年間労働時間も一八〇〇時間とすることを定めました。

これらの政策はすべて、協同組合と労働組合の協議によって決められたものです。両社が連携したことで、業界再建を果たすことができたのです。ゼネコンなどの大資本と対等な取引関係をつくることも、労働者の待遇を向上させることも可能なのです。

それを実証した大阪広域協組の試みは、全国でも大きな注目を集めることとなりました。ところで、業界再建の過程において、私たちはあらためて「品質向上」についても真剣に取り組むべききっかけをつかむことになります。

生コンは会社ごとに特色を打ち出すことのできない製品だと言われています。確かに原材料や製造方法に違いがあるわけでなく、差異を見つけるのは難しい。

ただし、安全性という視点から、安全な生コンと、そうでない生コンは明確に区分けされるべきだと思います。

その考え方を促したのは、九五年の阪神淡路大震災でした。

## シャブコン

死者六〇〇〇人、家屋の全半壊一七万戸――阪神淡路大震災の惨事を私は忘れません。

建設産業に関わる者としてショックだったのは、コンクリート被害です。「絶対に壊れない」と多くの人が思い込んでいた公共建造物が、無残にも崩壊しました。

阪神高速、新幹線の橋脚も崩れ落ちました。コンクリートの「安全神話」もこの地震で崩れ落ちたような気がしたのです。

関生支部でも一〇〇人以上の組合員とその家族が被災者となりましたが、それでも建設産業に携わる者の責任として、震災後すぐに現地調査に乗り出しました。

唖然とすることばかりでした。

あまりにもお粗末な施工不良を各所で「発見」してしまったのです。

被害の大きかった新幹線や道路の橋脚では、鉄骨がむき出しとなっていました。コンクリートの接合部分から、中を通っている鉄筋が飛び出しているのです。しかも、それらの鉄筋はコンクリート内部にありながら腐食していました。

これは完全にコンクリートそのものに問題があったと考えざるをえません。水や空気が入り込み、内部の腐食が進んでしまったのでしょう。

あまりにひどい事例だと、コンクリートの内部にゴミや空き缶などが詰まっているものまでありました。これでは〝建造物〟とはいえません。ただのごみの塊、廃棄物置き場が列車や車を支えていたことになります。

手抜きなどというレベルを超えた、もはや犯罪ともいうべき建造物です。

阪神淡路大震災は、こうした施工不良を白日の下にさらすこととなりました。いったい、どうしてこのような欠陥コンクリートが使われていたのか。いったい、どんな工事をしていたのか。

甚大な被害を受けた阪神高速や山陽新幹線の橋脚は、いずれも七〇年代に建設されています。先の章でも触れたように、この時代は生コン業界が、生き残りをかけた熾烈な競走を繰り返していました。秩序も何もなく、売らんがために各社が出荷を競っていた時期です。

おまけにオイルショック、万博不況などで建設産業全般が混乱していました。品質無視の安売り競争が常態化していたのです。

当然、原価割れの生コン製品が横行します。徹底的にコストを抑えるために、安価な骨材を使い、セメントの量を少なめに配合し、いわば水増しした製品が出回っていたのだと思います。

その責任は生コン業界だけに帰されるものではありません。不況期ですから、ゼネコンからの常軌を逸した買い叩きもありました。生コン工場も原材料の質を落とさざるをえなかったのです。そうしなければ工場の存続が難しいのですから。

経営を圧迫させる、もう一つの悪慣習もありました。ゼネコンなどに対するリベートです。生コン業界ではこれを「地下水」なる隠語で呼んでいます。

生コン発注が他社に流れないよう、常に「地下水」をゼネコンに流し込まなければなりませんでした。不況で苦しんでいるときこそ、競争が激化し、そのためさらに「地下水」などの負担も増すという負の循環が果てしなく続きます。

こうした事情によって、七〇年代は特に粗悪なコンクリートが流通しました。大震災による建造物の倒壊には、これが大きく影響していることが考えられます。

震災後、関生支部は国会議員に働きかけ、被害原因究明調査団を結成します。被災地域の住民運動とも連携しながら、行政や業界団体に手抜き工事をなくすための構造改革を強く訴えました。

また、関生支部ではコンクリート工学の権威として知られる小林一輔氏（千葉工業大学教授・故人）をはじめ、構造設計の専門家、国交省の元技官、全国紙の社会部長などを招いて構造物の安全問題をテーマとした公開シンポジウムを開催しました。

そこでは大震災における建造物の倒壊原因が「想定外の地震の大きさ」にあったのではなく、

通産省、業者団体、労働組合、学者で政策共同セミナー（1996年12月8日）

業界の過当競争が生み出す品質不良や手抜き工事にあることを実証しました。

同時に、私たちも「政策運動」の一環として、手抜き工事と不良コンクリートを一掃すべく独自に動くことにしました。

最重要課題として取り組んだのが「シャブコン」追放です。

シャブコン——聞きなれない言葉であるかもしれません。

わかりやすく言えば、水で薄めた生コンのことです。水でシャブシャブに薄めるといったイメージから、そのように呼ばれているのです。

コンクリートの強度は、建造物によって変わってきます。なかでも橋やダムなどの土木構造物のコンクリートは標準以上の強度を必要とします。こうした場合、強度を左右するのはセメントと水の割合です。水分が少なければ、それだけ強度が増したコンクリートとなりますが、逆に水分が多ければ強度が低下します。

ホットケーキを想像してもらえるとわかりやすいかもしれません。小麦粉に必要以上の水を加えて焼き上げると、湿気だけの多いやわらかいケーキができあがってしまいます。理屈はそれとまったく同じです。

ただし土木構造物における水とセメントの比率は見た目だけでは容易に判断できません。どれだけ水の配合割合を上げても、固まって構造物が完成してしまえば、ほとんど見分けがつかないのです

しかし、耐用年数では確実に差が出ます。

決められた配合どおりの生コンで建設すれば一〇〇年以上は持つ建造物も、シャブコンを使うとわずか一〇年で劣化することもあります。

コンクリート中の水分が蒸発してしまえば、その部分に隙間ができてしまうのです。こうなると亀裂が入りやすくなる。コンクリートの寿命は一気に低下します。

鉄筋コンクリートの場合は、さらに危険です。亀裂から染み込んだ雨水、隙間で発生した炭酸ガスが、内部の鉄筋を腐食させます。鉄筋が激しく劣化すれば、建物の崩壊にもつながります。

こうした非常に危険性の高い建造物をつくりあげてしまうのがシャブコンの恐ろしいところです。

前述した千葉工大の小林教授も、シンポジウムにおいて次のように発言しました。

「(震災で倒壊した建物の)コンクリートの劣化を促したのは、おそらく水でしょう。私も倒壊建造物の調査をしましたが、そうした現場では内部がスカスカのコンクリートが多かった。まさにシャブコンが使われたのだと思います」

しかし、この禁じ手が後を絶たない。七〇年代の乱売合戦、過当競争の時代はもちろんのこと、実はいまでもゼネコンに対する〝サービス〟としてシャブコンが使われることがあるのです。

一度使うとクセになるという側面もあるので「シャブ」のようだと、シャブコンの意味を説明する人もいます。確かに麻薬のようなものかもしれません。これを覚えてしまうと、なかなかやめることができないのですから。

シャブコンは作業自体がラクになるのです。水を加えて流動性が高まった生コンは、型枠に流し込むのが容易です。生コンを受け入れる側の建設現場の作業員にとっては正直、柔らかい生コンほどありがたい。作業も早く終わります。

作業効率を優先させるため、あるいは工期が遅れている作業現場では、より工事のスピードを上げるために、ゼネコン側がシャブコン利用を持ちかけるのです。

何度もお伝えしたとおり、生コン業者は建設産業における立場が弱い。そのためにゼネコン側の無理難題、強要に、個人レベルで抵抗できる人は多くありません。

かつて、関生支部の組合員が工事現場でシャブコンを現場監督から強要されたことがありました。

日ごろから労働組合の安全教育を受けていた彼は当然、その要求を断ったのですが、しかし、現場監督はそれを「反抗」とみたのでしょう。「俺の言うことが聞けないのか」と、彼に対して殴る蹴るの暴行を加えたのです。

それでも彼は屈することなくシャブコンを拒否したのですが、労組にも未加入の非正規労働者であれば、どうなっていたでしょうか。疑問を持ったとしても、現場における監督の言葉は「絶対」です。言うことを聞かなければ、いつ仕事を干されてしまってもおかしくありません。シャブコンに手を出さざるをえない状況は、多くの工事現場に存在するはずです。

私たちは震災の経験から安全性強化の政策を重視し、そのなかでもシャブコン追放に力を入れました。

まず、組合員を中心に調査チームをつくり、各地の工事現場でシャブコンが用いられることはないか、監視活動をおこないました。これが、私たちがいまも実践している「コンプライアンス活動」の端緒となりました。

シャブコンのやっかいなところは、見た目だけでは判断できないことにあります。監視するうえで重要なのは、現場を押さえること。つまり、加水している場面を見つけることです。

調査チームは関西各地の工事現場を回り、コンプライアンス活動を展開しました。ミキサー車を監視し、加水の現場に遭遇したらそれをビデオに収め、問題を追及します。

これは大きな成果がありました。それだけシャブコン使用が常態化していたということでもあるのですが、数えきれないほどの加水現場を押さえ、構造物の危険を未然に防ぐことができたのです。

私たちは当該の生コン業者はもちろんのこと、建設業者や行政などにもシャブコン使用の事実を伝え、安全性に対する指導を強く要請しました。

こうしたコンプライアンス活動は現在にいたるも継続していますが、業界内部からの〝自浄〟がよほど珍しいのか、これまでに何度も新聞、テレビ、週刊誌などが記事にしています。

たとえば週刊誌『サンデー毎日』は〇三年七月に次のような記事を書いています。

〈京都府大山崎町の名神高速道路大山崎インターチェンジ建設現場。

ビデオカメラの望遠レンズが捉えたのは、一台のミキサー車だ。「四月十九日午前九時一分」と、再生した画面には表示されている。

レンズはミキサー車の荷台に登った作業服姿の男に焦点を合わせた。男はドラム上部の生コン投入口に、ホースを向けた。ホースの先端からは水が噴き出ているのがわかる。およそ三十秒間、男は周囲の作業員となにやら談笑を交わしながら、水を注ぎ続けた。〝隠し撮り〟に気付いている様子はまったくない。

その後、水の注入を終えたミキサー車は、わずかに移動。数人の作業員に囲まれて停車し、後方のシューターから生コンが流しだされた。

ただそれだけのビデオ映像である。しかし、そこに映し出されたものは、欠陥工事を裏付ける重要な物証となったのであった。

「シャブコンの現場ですよ」

そう話すのはこのビデオを撮影した全日本建設運輸連帯労働組合・近畿地方本部の執行委員である。（中略）

連帯労組はビデオ撮影後、名神高速道路を管理している日本道路公団にテープを提出、不正工事を告発した。

その結果、工事発注者である日本道路公団は、工事を担当したゼネコンの日本鋼管工事（本社・横浜市）と大本組（本社・岡山市）に対して、シャブコン使用部分のコンクリートの撤去、工事のやり直しを命じた。〉

この記事からもわかるように、私たちの監視活動が、欠陥工事にストップをかけたのです。本来、こうしたことは行政などが責任をもって取り組むべき問題なのです。実際、海外ではインスペクター（建物の検査・調査の専門家）を工事現場に常駐させる制度を持っている国もあります。

しかし、日本ではほとんどが業者任せ。公共の建造物であっても同じです。

だからこそ、専門知識を持って安全意識も高い労働組合が、そうしたことを引き受けなければなりません。業界に生きる者として、手抜き工事はけっして許容できないのです。

シャブコン調査によってわかったことが、もうひとつありました。

シャブコンに手を出しているのは、そのほとんどが協同組合に属していないアウト業者だったことです。

アウト業者は安価で生コン製造を請け負うことこそが存在理由となっています。そうでなければ生き残っていけません。協同組合加盟という対外的な信頼度やブランドを捨て去ってでも仕事を進めていくためには、価格で訴求するしかないのです。

しかし、生コンは安全性に関わる商品です。人の命がかかっています。だからこそ、定期的な教育も必要なのです。品質管理も求められます。

アウト業者は、そうしたことに無頓着です。安かろう悪かろうでも構わないと割り切っている。

こんなことでは建造物どころか日本社会そのものが壊れてしまいます。人の命を軽視することなのですから。

だから私たちはコンプライアンス活動のなかでシャブコンを独自に〝摘発〟しながら、同時にアウト業者への説得も繰り返しました。

協同組合に加入し、助け合って生きていこう。抜け駆けの安売り競争がなくなれば、無理してダンピングしなくても済む。そうすれば従業員だって十分に食っていけるし、経営も安定する。そして安全性に対する知識と意識をも共有することができれば、社会だって生コン業界を信頼する。大手資本とも対等の関係を築くことができる。

そう訴えたのです。

説得に応じてくれた業者もあれば、私たちの言葉にまったく耳を傾けない業者も少なくありませんでした。

明日の一〇〇円よりも今日の一〇円。後先を考えず、目先の利益だけを考えてしまう業者が、生コン業界には少なくありません。常に不安定で、建設産業のなかでも低く見られ、ときに蔑まされ、貶められてきたからこそ、そのような習性が身についてしまったのかもしれません。その気持ちはわからなくもない。ですが、いつまでもそうした考え方では、何の前進もありません。疲弊した業界で、人の命も財産も犠牲にして生き残ることに、どんな意味があるというのでしょうか。利益だけを追求するのであれば、強い者や金がある者だけが生き残る、殺風景な社会を招くだけです。

仕事に対する誇りが少しでもあるのならば、他者をまったく考えない経済活動などできるわけがありません。

そして、中小零細企業が助け合って〝共に生きていく〟という発想は、まさに協同組合が持つべき理念でもあります。

だから私たちは一貫して協同組合の理念に寄り添ってきました。生コンの品質向上に努め、シャブコンの追放を目指すのも、これらすべてが協同主義の実践です。いま関西の生コンミキサー車のホッパーには製品を積んですぐホッパーカバーが閉まる装置が付いていますが、これはシャブコン追放の結果なしえた成果です。

私たちは広域協組設立以来、同協組や企業と連携し、「マイスター塾」といった〝学校〟を開きました。日本におけるコンクリート・マイスターを養成するための教育機関です。これもまた、安全・品質問題について議論する過程で生まれた事業です。

生コン産業に関係するすべての人を対象に、技能やコンクリートの知識だけでなく、業界に相応しい人間育成の場としても機能させることが目的です。

重視しているのは「顧客本位の品質管理」。ここでいう「顧客」とは、建物や構造物の利用者、つまりは消費者のこと。消費者に安心と安全を保証するため、私たちができることは何か。それを常に考えることのできる労働者を育成したいと思いました。そうすることで結果的に生コン業界の地位向上も果たすことができると思っているのです。

さらにはコンクリート強度を計測する共同試験場の設置など、広域協組設立以来、私たちはこうした基盤整備事業に取り組んでいきました。

このような取り組みもまた、コンプライアンス活動を続ける過程で生まれたアイディアなのです。

しかし、このコンプライアンス活動も、企業と警察が手を組めば、「恐喝」や「嫌がらせ」だとみなされてしまう。

本書の前半でも触れましたが、私たちは大手ゼネコン・フジタの建設現場でおこなわれていた違法行為を、コンプライアンス活動のなかで見つけました。

現場内で処理すべきことが法令で定められている汚水や汚泥を、生コン業者が側溝に垂れ流していたのです。こうした汚水は間違いなく環境破壊をもたらす。近くには水源地として知られる琵琶湖もあります。河川や湖が汚染される恐れのある行為など、許容できるわけがない。

それだけではありません。

同工事現場では、バンパーの外れたダンプカーや、タイヤのスリップサインが出ているダンプカーも出入りしていました。事故でも起きたらどうするつもりだったのでしょう。

また、移動式クレーンも非常に危険な状態にありました。クレーンが転倒しないよう設置されるべきアウトリガーも、法令どおりの設置がされていませんでした。

これらはいずれも法令違反です。

ですから私たちはこれをフジタに指摘し、是正を申し入れました。

しかも当該の生コン業者は協同組合未加盟のアウト業者です。フジタが「安かろう悪かろう」の協同組合未加盟業者を選んだことにも責任があります。

これに警鐘を鳴らすことのどこに問題があるのでしょうか。現場の安全を求めることは、業界で生きる者として当然の権利、いや、義務ではないですか。

しかし警察はゼネコンやアウト業者と組んで「恐喝」の絵を描き、私や組合員を逮捕したのです。

逮捕されたある組合員は、警察の取り調べで「なんで労働組合が企業の外で活動するんだ」と言われたそうです。

警察からすれば、労働組合とは企業の中で賃金交渉するだけの組織だと思いたいのでしょう。実際、「関生支部は社会に出すぎている」と担当刑事に言われた組合員もいます。

もちろん私たちだって賃金交渉はするし、企業の中でも活動します。これまでどれだけ、そのことに時間を割いてきたか、命がけで闘ってきたのか、本書のなかでも述べてきました。

一方、日本の多くの労働組合は「企業の外」に出ることは少ないのかもしれません。だからこそ、警察は労働組合が社会的存在であることなど理解できないのです。

しかし、こうした「企業の外」に出た活動は、産業別労組ではけっして珍しいものではありません。

海員組合（船会社の船員で組織される産業別労組）や全港湾（港で働く労働者の産業別労組）は、港に停泊している船舶を訪ね、その船に労働組合員がいるかいないかに関係なく問題点の把握に努めています。

私たちと同じ建設産業では、東京土建（建設職人の労組）が「安全パトロール」で様々な建設現場を回り、やはり安全上の問題点を発見すれば、関係機関に報告しています。

世界を見渡せば、産業別組合のこうした活動は、むしろ常識ともいえましょう。

ＩＴＦ（国際運輸労連・本部ロンドン）は全世界にインスペクターを配置し、運輸関連職場で法令違反がないか、安全基準を満たしているのかをチェックしています。現場に組合員がいるかどうかは関係ありません。「運輸」という職場を守るための活動です。

ＢＷＩ（国際建設林業労働組合連盟）もまた、全世界での調査、監査活動に力を入れています。一八年にはＢＷＩの調査団が東京オリンピックの会場として工事が進められていた新国立競技場の建設現場を訪ねました。そこで現場労働者からの聞き取り調査を実施し、長時間労働や危険な作業実態を把握、日本政府に質問書を提出しています。

ちなみに、ＢＷＩ調査団が去った後、建設現場には奇妙なポスターが貼りだされました。ポスターには次のような文言が記されていました。

〈現場内で写真を撮ること、得た情報を流出させること、これをしたあなたは「国家機密漏洩者」です〉
〈あなたの軽率な行動が国家事業を揺るがす〉

ごていねいにも「国家機密漏洩者」の部分は赤い文字で書かれていました。

これが日本の建設現場の実態なのです。どのような問題があったとしても黙っていろ、というわけです。内部告発は「機密漏洩」だとして脅すのです。

日本企業はこうして様々な不正を見逃し、告発を押しつぶしてきました。

水俣病を始めとする公害企業の犯罪も、食品会社の表示偽装も、建設会社の耐震偽装も、自動車会社のデータ偽装も、そして多くの労働法令違反も、自ら解決することを放棄してきました。それは企業内労組も一緒です。企業の利益だけを考え、不正や違反に目をつぶってきたのです。

だからこそ「歯止め」や「監視」する者の存在が必要なのではないでしょうか。

産業別労組がこうした活動をおこなうことは、むしろ本来の「仕事」として認められなければおかしいと思います。

私たちの活動に関しても、感謝しろとまでは言いませんが、ゼネコンや行政は、自分たちの手掛ける工事の安全チェックをしてくれているのだと、そうした意識をもってくれてもよいのではないでしょうか。

ちなみに、過去には私たちのコンプライアンス活動を嫌がった建設会社が、活動の中止を求めて民事訴訟の裁判を起こしたことがあります。しかし裁判では「関生支部のコンプライアンス活動は社会通念上相当と認められる範囲を超えていない」として、ゼネコンの訴えは却下されました。また、コンプライアンス活動では、現場に行政の担当者と警察官も立ち会っています。

にもかかわらず、警察や検察は「軽微な不備に因縁をつけた」と、コンプライアンス活動を「因縁」に仕立て上げているのです。まるで暴力団のゆすり、たかりと同じように見ているわけです。

この事件では、私たちの活動に理解を示していた協同組合の理事も「恐喝未遂」で逮捕されました。

この理事はゼネコンに対し、アウト業者を使うと「大変なことになりますよ」と発言したことが問題とされました。

理事は「安かろう悪かろう」のアウト業者を使えば、品質保証の点で問題があるのだと、ゼネコンに伝えただけです（本人もそう供述している）。

協同組合は瑕疵保証保険に入っています。工事で何かの不具合が生じても、ゼネコンは費用の負担なく工事のやり直しができるという保険制度です。

ですからアウト業者を使えば、工事で問題が発生しても、そうした保険を使うことができない。

理事はだからこそ「大変なことになる」とゼネコンに伝えただけでした。

しかし警察は〝関生つぶし〟の文脈に落としこみ、この発言を脅しに塗り替えたのです。

そのことで「大変なこと」が、まさか私たちの身に降りかかってくるとは想像できませんでした。

## 二〇〇五年の弾圧事件

大阪広域協組の設立は、関西の生コン業界に大きな成果をもたらしました。生コン価格は値戻しを実現し、現場で働く人々の労働条件も向上しました。

こうした〝成功体験〟は、生コン関連の他業種、あるいは他地域の協同組合にも影響を与えました。

九六年にはバラセメントの輸送各社によって近畿バラセメント輸送協同組合（近バラ協）が設立されます。

バラセメントとは、袋詰めにされていない状態の粒状セメントのことです。これを輸送するのがバラセメント車と呼ばれる大型車両ですが、担当する輸送会社もまたセメントメーカーの支配下にあり、かつての生コン業者のように「メーカーの言いなり」が続いていました。

しかし九四年の広域協組設立に刺激を受け、バラセメント輸送の業界も〝大同団結〟に向かって動き出すのです。

その背景には、メーカー主導の合理化と、それに対する輸送業者の反発がありました。

この時期、セメントメーカーは物流のコスト削減のために「SS渡し方式」を導入しようとしていました。

セメント輸送は一次輸送と二次輸送に分かれます。まず、セメント工場でつくられたバラセメントは、大型タンカーで湾岸地域に設けられたSS（サービスステーションと呼ばれる貯蔵出荷基地）に海上輸送される。ここまでは一次輸送。さらに、メーカーから委託された輸送業者がバラセメント車で、SSから生コン工場まで運ぶのが二次輸送。

それまで一次輸送も二次輸送も、バラセメントの輸送コストは各メーカーが負担していました。

ところがメーカー各社は、二次輸送コストを削減するために、生コン販売店の負担とする方針を打ち出します。つまり、顧客である生コン販売業者に運賃支払いを押し付けたのです。SSから自社の工場までは自分たちで車両をチャーターするなりして運んでくれ、というのです。

こんなバカな話があるでしょうか。

企業が顧客に商品を届けるにあたって、その輸送費を「顧客持ち」とすることなど、普通はありえません。

これは生コン業者にとって負担増となるだけでなく、バラセメント輸送業者にとっても危機的なことです。ただでさえ、それまでセメントメーカーからの運賃引き下げが相次いでいたこともあり、体力的にも限界に来ていました。

八〇年代末までは一トンのバラセメントを一〇キロメートル輸送するには、一四〇〇円の運賃でしたが、九〇年代に入ると半分の七〇〇円にまで落ち込んでいたのです。

それまでまとまることのなかったバラセメント輸送業界が、これをきっかけに近バラ協を設立しました。バラセメント輸送業者の協同組合は全国でも稀でした。大阪広域協組設立が引き金となり、〝自立できる業界づくり〟を目指したのです。

紆余曲折はありましたが、協組設立の九年後には共同受注のシステムが確立され、各社の運賃を統一させました。協組設立によって、少なくとも運賃の下げ止まりを果たすことはできたのです。

また、生コンの打設には欠かすことのできないポンプ（圧送）業界もまた、団結を果たしました。

大阪の圧送業界では八〇年代後半に協同組合が設立されていますが、生コン業界同様、ほとんど機能していませんでした。建設現場ではゼネコンの指揮下にあるばかりか、足元を見られて作業料もダンピングされていました。

ゼネコンからの指値で発注されることに慣れきってしまい、自ら率先して安値で仕事を引き受ける業者も少なくなかったのです。原価割れが続いて車輌の買い替えもできず、各社が倒産の危機に直面していました。

生コン業者だけでなく、生コンの関連業者もまた、大手資本にとっては調整弁のひとつでしかありませんでした。

当時、ゼネコンはバブル後の不良債権処理に追われていたため、〝買い叩き〟の姿勢を強めていました。

そうしたときに大阪生コンクリート圧送協同組合（大圧協）も大阪広域協組設立に刺激を受け、私たちに協力を要請してきたのです。

私たち関生支部も、大阪広域協組設立の経験を生かし、これに全面協力。当時の大圧協の理事たちと私たちが協議して、ゼネコンの都合だけに拠らない〝業界づくり〟を目指すことになりました。

そして実現させたのが、共同受注制度です。協同組合が代表して仕事を引き受け、それを各社に分配する。さらに、打設料金の価格も協同組合の側が設定しました。協同組合の理事たちは自らが設定した「料金表」を持って、ゼネコン各社を回りました。当初は「調整弁」であるはずの業界が勝手に料金を定めることに反発するゼネコンも多かったと聞きますが、業界が団結すれば反発も圧力も跳ね返すことができます。

結果、いまでは多くのゼネコンがこの制度を受け入れ、打設料金の値戻しも実現しました。

さらには近隣地域の生コン業界も、広域協組の成功に倣えとばかりに協同組合機能を拡充させていきます。神戸、奈良、滋賀、和歌山などの生コン協同組合は団結力を深め、乱売から協調へと針路を変えていきました。これによって生コン価格も安定します。乱売、安売り競争に費やしてきた時間や労力を、そのぶん、品質向上や技術革新に結び付けることもできます。もちろん労働者の環境も安定する。そして、それまで考えることのなかった〝消費者の利益〟についても頭を働かせる余裕が生まれます。

こうした動きは支配力の低下という点でのみ、ゼネコンやセメントメーカーにとっては〝痛手〟となるのかもしれませんが、それでも最終的には誰にとっても悪い話ではありません。技術力が向上し、品質も高まれば、それだけ関連産業すべての評価が高まるのです。末端の消費者からスーパーゼネコンまで、けっして損失となるようなことではないはずです。

私たちはそうした信念から、関連業界や近隣地域の協同組合運営に協力し、ともに闘い、品質向上のための学習会も積み重ねてきました。そして大きな成果を勝ち取り、業界の近代化、正常化に貢献したと思っています。

しかし――運動が前進すると、必ずその行く手を阻もうと躍起になる者たちが現れます。

今世紀初頭、八〇年代に次ぐ第二の刑事弾圧が関生支部を襲います。いや、それは今回の刑事弾圧の序章に位置づけられるものだったのかもしれません。

〇四年の秋に入った頃でしょうか。大阪府警警備部の刑事たち（いわゆる公安刑事）が、生コン業者を訪ねて回っているという情報が耳に入りました。

府警が接触を図っていたのは協同組合未加盟のアウト業者です。

「関生支部が協同組合加入を〝強要〟していないか」

そう聞き回っていました。

こうした情報はすぐに私たちのもとにも届けられます。狭い業界なのですから仕方ありません。

ある業者は「〝強要〟されたと被害届を出せ。そうしなければ国税が入るかもしれない」とまで言われたそうです。まさに、これこそが強要、いや、脅迫ではないですか。

同じような動きは他にもありました。そのころから、ヤクザ組織の連中が、私に「面会」を求める電話を頻繁にかけてきました。もちろんそれに応じることはありませんでしたが、おそらくはアウト業者から何かを依頼されての電話だったのでしょう。

また、関生支部役員のひとりは、知り合いの新聞記者から「府警の動きに気を付けたほうがいい」と忠告を受けています。記者は「警備部が息巻いている。ハンナンの次は生コン支部だと話している」と告げたそうです。

「ハンナン」とはそのころ話題となっていた大手食肉グループのこと。ＢＳＥ対策で国が実施した国産牛肉買い取り事業に関し、ハンナンが六億円以上をだまし取ったとして、経営者が逮捕されました。メディアはこの話題で持ちきりでした。要するに、ハンナン事件と同規模の逮捕劇を展開するのだと、府警は鼻息を荒くしていたのでしょう。

そのころ、私たちは大阪広域協組の機能をさらに高めるため、アウト業者に対する説得活動を続けていました。

大阪広域協組は多くの成果を上げましたが、それでもアウト業者の存在には頭を悩ませていました。

アウト業者の跳梁跋扈《ちょうりょうばっこ》を許した責任の一端はセメントメーカーにあります。前述した「ＳＳ渡し方式」がきっかけです。

二次輸送をエンドユーザー負担としたことで、格安輸送を売りとする新規輸送業者の設立が相次ぎました。こうした業者がＳＳに押し寄せることでバラセメント輸送業界が混乱していくわけですが、生コン業界もまた、影響を受けることになります。

アウト業者が格安の輸送業者を使うことで、業界全体の安売合戦に発展していくのです。アウト業者は広域協組が獲得した仕事を、〝激安路線〟で切り崩していきました。

さらに、セメントの販売量が増えることしか考えていないセメントメーカーと、とにかく安値で買い叩きしたいゼネコンが、その動きを後押しする。これでは広域協組の崩壊につながりかねません。当然、生コンの品質にも影響してくるでしょう。

ですから私たちはいつも以上に、アウト業者に対する協同組合加入の呼びかけを強めました。業界崩壊を防ぐため、必死の説得活動をおこなったのです。

もちろんコンプライアンス活動も強化しました。安価であることだけを存在理由とするアウト業者は、品質に責任を持ちません。瑕疵担保保証制度にも入っていないのですから、建造物に何か問題があったとしても、どうすることもできないのです。安全のためにも、こうした時期のコンプライアンス活動は重要です。

私たちはアウト業者を回りました。

安売りで儲けることができるのはあくまでも一時的なものであること、不毛な価格競争は自らの首を絞める行為でもあることなどを、懸命に説明しました。だからこそ協同組合に加入し、共に利益を分け合おうではないかと訴えたのです。

私たちは有力なアウト業者一七社、一八工場に集まってもらい、「懇話会」という組織をつくりました。いますぐ協同組合に加入できなくとも、とりあえずアウト業者だけで文字どおり「懇話」の席をつくり、少しずつでも「団結」に向けて動き出すことが目的でした。

段階を踏めばきっと「協調」や「団結」の意義を理解してもらえると思ったのです。

ところが、これら「懇話会」加盟業者がそろって広域協組に加入することになっていた〇五年一月、突然に刑事弾圧が始まったのでした。

あれは一月一三日の朝でした。私は日課としている早朝の散歩に出かけようと家を出たところで、数人の刑事に取り囲まれました。刑事の一人が逮捕状を私の目の前で広げます。ある生コン会社に対する威力業務妨害、強要未遂。それが私の容疑でした。

すぐに手錠がかけられましたが、その瞬間、刑事の背後からカメラのストロボが光りました。府警担当の記者たちがすでに現場でスタンバイしていたのです。

この日、私以外には三人の組合員が同じ容疑で逮捕され、さらに組合事務所にもガサ（家宅捜索）が入りました。

組合事務所にも、府警はメディアを引き連れて押しかけています。

ガサは六時間にも及ぶ大掛かりなものでした。すべてのパソコンの所蔵ファイルが調べられ、多くの帳簿、討議資料、ビラなどが押収されました。

いったい、各地でばらまいているビラを押収して、何がわかるというのでしょう。まるで意味のないことです。

警察の狙いははっきりしています。何を押収したかではなく、ガサに入った事実そのものが重要なのです。そうすることで子飼いのマスコミが大きく報じてくれるし、それだけで関生支

「仲間をかえせ」　ヒューマンチェーンで大阪地裁包囲（2005 年4月7日）

部にダメージを与えることもできる。

「仕事」していることだけは、しっかりアピールできるわけです。つまり捜査の正当性が訴求できるのです。

おそらく捜査員のなかには、わけもわからずガサ作業に付き合っていた人もいたでしょう。

その日の夕刊、あるいは翌日の朝刊で、私の逮捕が報じられました。各紙は派手な見出しを立てました。

〈生コン界のドン逮捕〉

〈生コン組合　恐怖で支配〉

〈武容疑者　供給ストップし工事妨害〉

〈生もの逆手　影響力発揮　武容疑者に〝企業舎弟〟も〉

まさに「ハンナン事件並みの扱い」でした。各紙ともに私をヤクザまがいの「ドン」に仕立て上げ、「業界支配」を狙っていたとする報道です。

そのうえで、「威力業務妨害」「強要未遂」の中身については、おおむね次のように〝説明〟しました。

●支配力の強化を図るため、広域協組へ未加入社を加入させようと活動していた。
●加盟を拒んだ生コン会社に街宣車で押しかけ、生コンの出荷を妨害した。
●さらに同社社長らに対し、脅迫まがいの言動を持って威嚇した。
●関生支部は〝実力行使〟で知られており、業界ではその体質を危険視する声が強かった。

今回の弾圧と同じ構図です。正当な組合活動のすべてが罪に問われてしまったのでした。それにしてもひどい記事ばかりです。ローカルニュースのトップに私の逮捕を持ってきたテレビ局も同様です。

こうしたメディアに共通するのは、警察発表をそのまま垂れ流すだけで、事件の前も後も、私たちにコメントを求めた社がひとつもなかったことです。これでは警察の広報機関そのものではないですか。いったいなぜ、裏取りをしないのでしょうか。

私のことを「生コン界のドン」だと形容することが好きな『産経新聞』にいたっては、次のような記事も書いています。

〈「組合活動の名を借りた権力者」。大阪府警に逮捕された全日本建設運輸連帯労働組合傘下の関西地区生コン支部委員長、武建一容疑者（六二）。人心掌握、対企業戦略にたけ、「ドン」と評される一方、過激な組合活動で意に沿わない業者を攻め、阪神間の工事現場をストップさせるだけの力を築いたという。関西の生コン業界を手中に収めようとしていたとされる武容疑者の逮捕に労組関係者は「業界の正常化の闘いはこれから始まる」と語った。〉

とんでもない権力者のように書かれていますが、それだけの権力を持っているのであれば、逮捕されることもないでしょうし、協同組合加盟を求める運動も、もっとスムーズに進行したことでしょう。

ちなみに私の逮捕容疑となった事件は、大阪広域協組への加入を求められていた生コン会社が、府警に「加入を強要された」と被害届を出したことから立件されたものでした。

このアウト業者は、実は私たちのコンプライアンス活動で、かなりの問題を指摘された会社でもあります。

過積載、そしてシャブコン。こうした法令違反を繰り返していたことから、私たちは安全面での問題を追及していました。

その一方で、私たちは広域協組への加入を粘り強く訴え続けてもいました。

その結果、同社は「今後は安全と業界安定のために努力する」と言明し、関生支部の要請に応える形で広域協組加入の意思まで示したのです。だからこそ関生支部として、広域協組加入の推薦書まで用意し、同社の保証人にもなりました。

ところが警察にそそのかされたのか、あるいは何か思惑があったのか、手のひらを返したように、広域協組加入の約束を反故にしたのです。だからこそ私たちは同社に出向いて広域協組加入の要請行動を実施しました。これが「威力業務妨害」と「強要未遂」の内実です。この二か月後には、さらに二名の組合員が逮捕されました。やはり、アウト業者に協同組合加入を要請したことが威力業務妨害と強要未遂に問われたのです。私も同容疑で再逮捕されました。

構図は前述の逮捕案件とまったく同じです。しかも「被害」を訴える企業もまた、私たちからコンプライアンス無視の経営姿勢を追及されていました。

この時も私は接見禁止という人権侵害を受けたうえ、裁判がはじまっても保釈されることなく、実に約一年も拘置所に勾留されました。

この事件で「得」をしたのは誰か。

セメントメーカーです。彼らは「関生支部の時代は終わった。これからは建交労の時代だ」などとうそぶき、セメント価格の値上げを繰り返しました。また、「事件」の直後には系列工場などで、これまで労使協定で規制してきた土曜稼働を実施します。せっかく築き上げた労働環境まで、私たちの「不在」を利用して、ぶち壊したのです。「事件」によって一時的に力が弱まった生コン業界の、まさに隙をついた〝攻撃〟でした。建交労は賃上げゼロ回答をのみ、土曜稼働を認め、生コン価格下げを「合わせ技」と称して大企業に協力したのです。

結局、生コンの値崩れも始まります。

悪いことが重なります。〇八年にはリーマンショックによって、景気悪化の波が直撃します。こうしたときこそアウト業者が跳梁跋扈します。

広域協組は設立一〇年目にして最大の危機を迎えたのでした。

## ゼネスト決行

この弾圧によって関生支部が大打撃を受けたのは事実です。それは同時に、関西の生コン業界にとっても危機的状況をもたらしました。

アウト業者が勢いを持ったことで生コンのダンピングが横行し、収益も大幅に落ちました。

安売り競争に飲み込まれ、原価割れで出荷する生コン企業も少なくありませんでした。もちろん労働環境も悪化していきます。

関生支部はこうしたとき、「企業が生き残るため」といった理由から、状況悪化を受け入れるようなことはしません。生き残りをかけた安売り競争に迎合すれば、労働運動は委縮し、存在意義をなくしていきます。

私たちはあえて、というよりも堂々と、賃上げを要求していきました。弾圧を受けても、けっして意気消沈していたわけではなかったのです。苦境にあるときこそ労組の真価が問われます。

しかも私たちは産業別労組です。企業単位でものを考えることはありません。業界としてどうあるべきか、なにをすべきか、常に全体を見て判断します。企業の生き残りのために労働者に我慢を強いることなどあってはなりません。

私たちは「賃上げ圧力」をバネに、企業への説得を続けました。

とにかく業界で団結して値戻しのために動こう。安売り競争から脱却しよう。ゼネコンやセメントメーカーの言いなりになるのはやめよう。正常化のために労使で共闘しよう。

こうした私たちの訴えに耳を傾ける経営者は、けっして少なくはありませんでした。経営者だって、この苦境から脱したいと考えている、好んで安売り競争に参加しているわけではないのです。

〇九年九月、広域協組は臨時総会を開催し、それまで一万四八〇〇円で取り引きされていた生コン価格（一立方メートル当たり）を、一万八〇〇〇円にまで引き上げることを決定しました。不況や需要減を理由とするゼネコンや販売店の側からの「買い叩き」に対抗すべく、業界側からの決意表明でした。

ところが、ゼネコン側からは「高すぎる」と一蹴されてしまいます。ゼネコンは私たちの悲痛な訴えにまったく聞く耳を持たなかったのです。

しかも広域協組加盟の業者であっても、あえて安売り競争に飛び込んでしまうところもありました。つまり一枚岩というわけにはいかなかったのです。個々の業者というのは、非常に弱い存在です。業界全体の利益よりも、明日の食い扶持に走ってしまいます。一部の業者はゼネコンや販売店の圧力（あるいは甘言）に負けて、抜け駆けで安売りに応じてしまうのです。こうした足並みの乱れもあり、せっかくの「一万八〇〇〇円決議」も有名無実、単なる業界の〝希望価格〟でしかなくなりました。

となれば労働組合が前に出ていくしかありません。共倒れするわけにはいかないのです。

私たちはさらに強い調子で大同団結を業界全体に迫りました。

一〇年六月二七日、大阪市内のホテルで近畿一円の生コン産業の労使双方が主催者となり、

「生コン関連業界危機突破・総決起集会」が開催されました。参加者二三〇〇人。経営者、業界団体、労組員らが揃い踏みという、全国的にもきわめて珍しい、というよりも画期的な集会が決行されたのです。

あの日の光景は、いまでもはっきり覚えています。参加者の表情は一様に厳しく、そして悲壮感に満ちていました。経営者を含めた全員が「危機突破」と記された赤いハチマキをしていました。

集会冒頭、全国生コンクリート協同組合連合会近畿地区本部の久貝博司氏（当時・集会実行委員長）は、次のように挨拶しました。

「ゼネコンによって生コンの価格が果てしなく下げられるなか、過当競争の行き着く先は原価割れだ。もはや自助努力ではどうにもならなくなった。いま、一万八〇〇〇円の価格を確保しなければ、業界の未来はない」

続いて壇上に立った同地区本部の猶《なお》克孝本部長（当時）も、生コン価格がゼネコンの意向に引きずられる現状に対して、明確に異議を唱えました。

「適正価格実現へ」　労使共同でデモ（2010 年 6 月 27 日）

「本来、（生コンの）価格は、買い手が決めるものではない。自分たちがつくる製品価格は、自分たちで決めていかないといけない」

これまでゼネコンを「お得意様」として丁重に扱い、ときに過剰なまでのサービスを実施してきた業界の側から、公然と反旗が翻されたのです。

集会では「適正価格一万八〇〇〇円を絶対に確保する」という決議が再度、ブチ上げられました。

私は、集会の最後をこんな言葉で締めくくりました。

「労使が心をひとつにして、共通の目標に向かって闘おう。もしも（ゼネコンに対する）要求が通らなければ、あらゆる手を尽くす。出荷拒否するくらいの行動を起こしたい」

要するにこの場でゼネストを示唆したのです。

この集会が開催されたのち、早速、関西各地の協同組合は、ゼネコンなどに対して「七月一日から新価格による契約変更実施」を通知しました。そう、最後通告です。

これに対し、ゼネコンはどう応えたのか――。なんと彼らは「要求を取り下げなければ納入代金の支払いを停止する」と回答したのです。しかも損害賠償請求まで匂わせました。

とてもじゃないが、もうがまんできません。

業界の「危機」を放置するばかりか、つぶしてしまえとばかりに牙をむくゼネコンなどに対し、泣き寝入りする必要などないのです。こんな恫喝に屈服していたら、労働組合などやっていられません。

回答を見た私たちはすぐさま「生コン出荷拒否」のストライキ突入を決めました。

スト開始は七月二日。大阪中の工事現場で作業が一斉にストップしました。

表向きは関生支部、生コン産労、全港湾の三労組による広域協組に対する無期限スト、といった構図となりましたが、内実は生コン関連産業の労使一体となった、ゼネコンに向けてのストです。表向きはストを仕掛けられた形になっている広域協組の役員からも「最後までやり

4か月のゼネスト（2010年7～10月）

通してほしい」と激励を受けました。業界再建への願いはみな同じなのです。

さらにバラセメント輸送や圧送（ポンプ）といった関連業種の協同組合や労組も、次々とストへ同調しました。まさに業界ぐるみの産業ゼネストとなったのです。

業界に関係する誰にとっても、生きるか死ぬかの瀬戸際にありました。必死だったのです。

このゼネストは世間でも大きな注目を集めました。当然です。大阪府下ではなんと工事現場の八割が、工事の一時中止に追い込まれたのです。テレビや新聞のカメラも各工場でピケットを張る組合員の姿を映し出しました。「工事の槌音が消えた大阪」という記事が週刊誌にも掲載されました。

こうなるとゼネコンも動揺を見せるようになります。自分たちが発した恫喝が、自らのクビを締めることになってしまったのですから。

当初はアウト業者を駆使して、なんとか急場をしのごうとしていたゼネコンですが、さすがにそれだけでは追いつかない。しかも「品質の保証が取れないアウト業者の生コンを、果たして大型プロジェクトで使うことが許されるのか」といった労組側の主張に、ゼネコンは沈黙で応える以外にありませんでした。

そしてストから一か月も経たないうちに、一部のゼネコンが価格引き上げに応じる姿勢を見せ始めました。工事の完全ストップに耐えられなくなったのです。これを受けて、労組と協同組合は検証委員会を共同で設置。結論として、一立方メートル当たり一万六三〇〇円という暫定的な価格引き上げに応じた工事現場から順次、生コン出荷を再開しました。いわゆる〝選別出荷〟をスタートさせたのです。

これによって九月半ばまでに、ストで工事が止まっていた現場のうち、八割ほどが操業を再開しました。多くのゼネコンが「根負け」したのです。前代未聞の産業別ストライキは、生コン業界に歴史的な勝利を与えた結果となりました。

六月の総決起集会から四か月。この間、組合員は収入の道を断たれ、いうまでもなく生コン業者も売り上げゼロです。それでも私たちは耐え抜きました。労働運動と中小零細企業が手を組めば、こうした成果を得ることができるのです。

ところが――年末になって予想もしなかった事態が起きました。なんと、それまで私たちとともに闘ってきた広域協組がゼネコンとの間で結んだ「新価格」の協定を白紙に戻してしまったのです。

ゼネコンやセメントメーカーの巻き返しは、広域協組にとっても、ものすごい圧力だったと思います。天下のゼネコンが中小企業の連合体に敗北したのですから、相当な恫喝もあったことでしょう。しかし、ストの期間中、業界は歯を食いしばって耐えてきたのです。無収入でもがんばってきたのです。それなのに広域協組は「ストは労働組合が勝手にやったこと」だとして、結局は大資本の前に跪《ひざまず》いてしまいました。

翌年四月、広域協組は新しい理事長を選出しました。現在も理事長を務める木村貴洋氏です。先にも触れましたが、レイシストと手を組み、関生支部に対する卑劣な攻撃を仕掛けている人物です。

木村理事長は就任直後「長期ストで失われたゼネコンからの信頼回復に全力で取り組む」と宣言しました。彼の視線は生コン業界ではなく、ゼネコンに向いているのです。業界で働く人々の生活よりも、ゼネコンの「信頼」が大事なのでしょう。

そのころ、木村氏はセメントメーカー直系の生コン工場である関西宇部の社長を務めていました。もともと労働組合とは敵対的な人物です。労使協定を守らないなどの信義違反も目立ち、関生支部から抗議を受けることも少なくありませんでした。

ただし、この時は民主党政権時代だったこともあり、現在のような弾圧を受けることはありませんでした。

振り返ってみれば、このときから現在の〝関生弾圧〟が始まったのかもしれません。

それでも私たちは広域協組の運営を支え、一五年には他の協同組合との大同団結のために奔走するなど、組織拡大にも協力してきました。木村氏がどれほど〝反労組〟の人物であったとしても、協同組合のあるべき理想だけは捨てていないと信じていたからです。

それがいまやゼネコンやメーカーのお先棒を担ぎ、労組弾圧の先頭に立ち、しかもナチスもどきのレイシストを暴力装置として利用しているのです。

八〇年代、今世紀初頭の弾圧に続き、いま私たちは三度目の刑事弾圧を受けています。いずれもゼネコンやメーカーに正面から戦いを挑んだことが発端となっていますが、今回ばかりは協同組合がその旗振り役を務めています。

協同組合は経営者の私物ではありません。金儲けの手段でもありません。

相互扶助の理念はどこに行ってしまったのでしょう。業界の底上げという目標はどこに消えてしまったのでしょう。乱売体質から抜け出し、みなで高品質の生コンを出荷するという理想はどこに捨ててしまったのでしょう。

本当に金に余裕があるのならば数千万円もする高級外国車を乗り回したってかまいません。しかしいま、生コン労働者は苦しんでいます。労働環境は著しく低下し、非正規雇用の労働者も増えるばかりです。業界のみんなで築き上げようとした連帯と団結は、いまや異論を許さぬ全体主義に変質してしまいました。

## 目指すべき場所

貧困の中で育った私が、文字どおりの裸一貫で生コン業界に飛び込んでから六〇年が経過しました。食べていくために、徳之島の家族を助けるために、そして生き続けるために始めた仕事でしたが、蔑まされ、虐げられていくなかで労働運動と出会い、大きな目標を持つことができました。

それは生コン労働者が誇りをもって働くことのできる環境をつくることです。

だからこそ、ひたすら闘い続けてきました。

組合つぶしを狙った差別、解雇、企業閉鎖、暴力団介入、日経連による政治弾圧、権力の導入など、様々な難局がありました。それでも私は、いや、私たちは、背景資本と対峙し、各協同組合と協力、共闘関係を結び、多くの成果を上げてきました。タコ部屋同然の労働環境から始まった私たちの運動は、年間休日一二五日、平均年収八〇〇万円を実現させています。また、未組織労働者も含めて労働環境の底上げを図り、休日制度、賃金制度、雇用制度、退職金制度、福祉制度の整った労働協約の締結にも至りました。

セメントメーカーとゼネコンの狭間にある中小企業を協同組合に団結させるなど、業界全体の発展のためにも尽力してきました。

しかしいま、私たちのそうした取り組みが、国家権力の手によって一方的に断罪されています。

いったい、私たちが何をしたというのでしょう。

企業としての倫理を求めるためのコンプライアンス活動が「恐喝」とされ、労働組合として当たり前の権利行使であるストライキが「威力業務妨害」だとされ、実に八九名が逮捕されるという異常事態となっているのです。

国家権力は私たちを反社会的勢力として、社会から孤立させることを狙っています。つまり、それだけ都合の悪い存在なのでしょう。

あらためて訴えたいと思います。

私たちは反社会的勢力でもなんでもありません。社会を壊したいと願っているのではなく、さんざん虐げられてきた生コン産業のしくみを変えたいと願っているだけなのです。

ゼネコンとセメントメーカーの利益のためだけに、私たちはずっと犠牲となってきました。労働者も経営者も、大資本の調整弁として利用され続けてきたのです。そのせいで生コンの安値乱売が繰り返され、不正や品質不良が横行してきました。

こんな体質をいいかげん変えようじゃないか、安心して働くことのできる職場をつくろうじゃないか。そう思って運動してきたのです。

警察や検察はもとより、一般の方々からも「労働組合は賃上げ要求だけしていればよい」といった声が聞こえてきます。

賃上げが大事なことは事実ですし、もちろん私たちもそのために闘っています。しかし、一部の企業が賃上げを果たしても、業界全体が潤わなければ、生コン産業の未来はありません。そのために私たちは産業別労組という枠組みで、常に広い視野を持って闘っているのです。誰かを犠牲にすることで生存が許される社会などごめんです。労働者も、中小企業もともに発展していきたい。生き続けたい。生コン業界で働くすべての人が、人間らしく生きることのできる社会、希望を持つことのできる社会、それこそが私たちの到達目標です。

今回の弾圧によって、私たちは多くの仲間を失いました。逮捕され、捜査当局の筋書きに誘導され、いつのまにか弾圧を仕掛けた側に寝返ってしまった仲間もいます。職場で上司や経営者に恫喝され、組合を離れてしまった仲間もいます。将来に不安を感じて、泣く泣く組合を去った仲間もいます。

結果として関生支部の組合員は激減しました。

ですが、私はけっして落ち込んではいません。

まず、私は、そして関生支部は、けっして間違ったことをしたわけではないのです。正しさを確信しているからこそ、離れた仲間もいつかは戻ってきてもらえると信じています。

さらに、私たちはけっして社会から孤立していません。これだけは「敵」の思惑が完全に外れた形となりました。

全国各地で労働運動の仲間たちが、弁護士や学者が、ジャーナリストや市民運動家が、地方議員や国会議員が立ち上がってくれました。私たちを「支援する会」も次々と設立されています。たとえば全国一二四人の地方議員は連名で「関生支部への弾圧は民主主義の危機」だとする声明を発表しました。

労働法学会に所属する学者七八人も「組合活動に対する信じがたい刑事弾圧を見過ごすことはできない」とする声明を発表しました。

この声明では「労働組合運動を理由とする刑事事件としては、戦後最大規模」としたうえで、「労働者の労働条件の改善を求める行為や、法令無視による不公正な競争を防止しようとする組合活動が、当該組合活動の正当性を判断されることもなく、違法行為とされ刑事処罰されるならば、憲法二八条の労働基本権保障も、労働組合法による組合活動保障も絵に描いた餅になってしまいます」と訴えています。

言うまでもないことですが、憲法で労働三権を保障したことが戦後民主主義の出発点です。労働法の研究をしている学者たちが関生支部弾圧に深い憂慮を示した背景には、まさに「民主主義の危機」があるのです。

今回の弾圧では、実際に「現場」にいなかった組合員もが逮捕されています。「共謀」が罪となっているのです。これこそまさに共謀罪の先取りでもあるのではないでしょうか。

今回の弾圧手法は、団体交渉権、団体行動権の制約、そのために暴力団対策の拡張適用、共謀罪の先取り的手法です。これは「罪なき人を罪に陥れる誣告罪」であり、権力の「公訴権の濫用」です。

むちゃくちゃな弾圧なのです。

だから私は絶望していません。その必要もありません。

全国に多くの仲間がいる。声を上げてくれる仲間がいる。そして正しさの確信を持っている。まだ情熱も失っていない。

道半ばで倒れてしまうほどヤワじゃありません。

理不尽に対して初めてこぶしを空に突き上げたあの日から六〇年間、私の闘志は何も変わっていないのです。

いかなる恫喝も、暴力も、手錠もブタ箱も、私たちの運動を止めることはできません。あらゆる困難は、句読点の一つにすぎないのです。

業界の民主化、組織の量的、質的強化で「やられたらやり返す」関生魂を発揮し勝利します。

〈解題〉
# 私自身が自由に生きていくために

安田 浩一

「企業恫喝NO」「STOP連帯ユニオン」。路上には関生支部を批判するプラカードが並んでいた。動画サイトに投稿するためなのだろう、ビデオカメラが私を執拗に追いかける。

「どうせ悪口を言いに来たんだろ」

参加者の一人が私に向けて吐き捨てるように言った。

二〇二〇年八月三〇日――名古屋市でのことだ。

市内の労働会館で関生支部を支援する「関西生コン労組つぶしの弾圧を許さない東海の会」主催による私の講演会が開催された。

会場前に到着すると、案の定、私にとっては〝馴染み深い〟レイシスト集団が路上で待ち受けていた。

本書でも触れられている瀬戸弘幸を中心とするグループだ。ネオナチの極右活動家を経て、在特会や日本第一党といった差別団体の顧問を務めてきた瀬戸は、この数年、関生支部攻撃の先頭に立っている。

この日も「関生支部を〝擁護〟するような講演会が許せないから抗議活動を展開している」のだと、瀬戸は私に説明した。

さらにこう続ける。

「関生（支部）の言い分など認めない。単なる犯罪者だ。やっていることは恐喝と威力業務妨害ではないか」

ストライキすることの何が悪いのか。なぜ威力業務妨害に問われなければいけないのか。私がそう反論しても「逮捕されたから」「生コンの出荷を妨害したから」と繰り返すだけだ。

いつものことである。彼らは「議論しよう」と言いながら、はなから聞く耳など持っていない。

瀬戸が顧問を務めてきた在特会や日本第一党は、これまで何をしてきたのか。在日コリアンの集住地域で、全国各地の繁華街で、「朝鮮人を追い出せ」と露骨なヘイト活動を繰り返し、マイノリティの排斥を煽ってきた。被差別当事者の人権を無視し、苦痛を強いてきた。人種差別に反対する人々を「反日」「非国民」と貶めてきた。差別と偏見を垂れ流してきた。

旭日旗やハーケンクロイツの旗を振り回しながら、社会と地域を壊し続けてきたのである。

〇九年に京都朝鮮第一初級学校に押し掛け、「朝鮮学校をぶっ壊せ」「キムチくさい」などと下劣な街宣をおこなったのも、在特会などのメンバーである。また、その翌年には徳島県教職員組合の事務所に乱入し、女性事務員を恫喝したのも同会メンバーらだ。

これら事件では、参加メンバーが威力業務妨害などで逮捕されている。

また一二年にも同会メンバー、関係者は、韓国人女優のCM起用に抗議するためにロート製薬本社へ乗り込み、「ヘタレ」「右翼紹介するから右翼の事務所行って言え」「調子乗ったらあかんぞ」などと担当社員を恫喝。メンバーは強要罪の容疑で逮捕された。

労働組合の正当な活動を「逮捕されたじゃないか」と糾弾するのであれば、自分たちの仲間がしでかした「威力業務妨害」や「強要」を瀬戸はどう考えるのか。

たとえばロート製薬強要事件に関して、彼は自身のブログで次のように述べている。

〈こんなことで一々逮捕されて拘留されるなら、今後一切企業に質問することは出来なくなります。何故ロート製薬は「竹島はどこの領土ですか？」という質問に答えることが出来なかったのでしょう。実は余り報道されていませんが、その事のほうがより重要だと思います。〉（一二年五月一一日）

ここには自己批判も反省もない。それどころかブログ記事の最後にはこう記しているのだ。

〈日本社会は朝鮮勢力によって凌駕されつつあります。日本人が声を上げると直ぐに逮捕されるという恐るべき社会にストップをかける為にも、今後、朝鮮勢力との熾烈なる戦いに負ける訳にはいきません。〉

偏見に基づいたヘイトスピーチそのものである。

こうしたヘイト行動を繰り返し、ナチスを礼賛してきた人物が、労働運動に対して、挑発ともいうべき介入をしてくることじたいが、胡散臭いではないか。

だからこそ私は今回の〝関生弾圧〟を、「労働運動つぶし」と「ヘイト活動」の二本立てと捉えている。関生支部の弾圧を促した広域協組にどのような意図があるにせよ、結果としてレイシスト団体に養分を与え、差別の横行に加担したことは間違いないのだ。

冒頭で記した講演会当日、私は瀬戸と次のようなやり取りをしている。

——瀬戸さんはカネをもらって運動しているのか?

「もらっている」

——それでは単なる〝シノギ〟ではないか。

「違う。業務委託契約料だ」

つまり、活動資金が生コン業界から流れていることを自ら認めたのだ。

さらにこのことを瀬戸はブログで以下のように記している。

〈安田氏は私が大阪広域からおカネをもらっていたことを問題にしているようですが、私は大阪広域から紹介された経営者協会と業務委託契約を結び仕事をしたので、その対価として報酬を得たのは事実であり、それは何もやましい事ではない〉

〈やはり明確にしておかねばならないので、今回ハッキリ書いておきます。私は毎月七〇万円頂いていた〉

〈我々の仕事とは何であったのか？　安田氏は組合潰しと言いたいだろうが、結果的にはそうなったものの、我々は街宣カーで「関生支部のストライキとは威力業務妨害事件であり、大阪府警は逮捕せよ！」との情宣活動がメインであり、情報収集と関生支部の嫌がらせを記録することにあった〉

〈このことを無償でやる人はいないし、契約上の当然の労働の対価を得ていたに過ぎない〉

（以上、二〇年八月三一日）

これが「業務委託契約」の中身である。

実際の契約当事者が誰なのかは明確でないし、瀬戸が明かした毎月の報酬額さえ私は信用していないが、それでもカネが絡んだ運動であったことは証明された。

これを「シノギ」と呼ばずして、どう表現すればよいのだろう。

一部の「識者」やネット上の書き込みでは、関生支部を「カネのために動く労組」としているケースが少なくない。これじたいが関生支部を貶めるためのデマなのだが、少なくとも労働者の賃金を上げるために動くのが労組の役割の一つでもある。やや乱暴な言い方をすれば、「金（賃金や待遇）のため」に仕事しない労組など、世の中に存在するのであろうか。

だからこそ単なる物捕り集団との区別を図るために、労働組合は憲法二八条によって団結権、団体交渉権、団体行動権が認められているのだ。

同じ「金のため」であっても、レイシスト集団の目的とはまるで違う。

労組への中傷や妨害活動を「業務委託」だとうそぶくような人物を広域協組は「先生」と仰ぎ、別動隊として利用し、ときに隊列を組んで関生攻撃を繰り返していたのである。

生コン業界はマイノリティに属する労働者や経営者も少なくない。広域協組もいずれはレイシスト集団との〝合作〟を後悔する日もくるだろう。だが、歩調を合わせた歴史を覆すことなどできない。

広域協組は確実に汚点を残した。

ネット上では関生支部から政治献金を受けた野党国会議員が「生コンからカネをもらった」と、何の問題もないのにバッシングされることもあるが、本当に問題視すべきは「生コンからカネをもらった」のがレイシストであることではないのか。

瀬戸をはじめとするレイシスト仲間たちは、いまも各地でヘイト活動を続け、日本社会と地域を壊している。そんなレイシストに養分を与え続けた広域協組が無傷のままであるはずもない。

ツケは必ず回ってくる。

＊＊＊

私は週刊誌記者だった二〇〇五年に、当時の関生弾圧事件を題材としたノンフィクション『告発逮捕劇の真相』（アットワークス）を書いた。

関生支部組合員だけでなく、経営者、各地の業界団体幹部などから聞き取り取材し、事件そのものが大手資本や警察権力によって「仕組まれたもの」であると「告発」した。

このときもメディアは武委員長を「生コン界のドン」「恐怖支配」などと書き立て、関生支部が暴力集団であるかのような記事を連発した。

また、逮捕容疑も今回同様、私からみれば〝無理筋〟に近いものばかりだった。本書でも触れている通り、協同組合加入を迫ったことが「強要」に問われたのである。

構図は何も変わっていない。

二〇年弾圧が〇五年当時と違うのは、広域協組が完全に警察側に付き、おまけにレイスト集団まで応援部隊として用い、逮捕劇の絵を描いたことにある。

一五年前に取材した際、広域協組は関生支部に対して同情的だった。というよりも警察による弾圧に戸惑っていた。当然のことだろう。関生支部は広域協組の拡大のために加入促進活動をおこなっていたのである。

ある広域協組幹部は私の取材に対して「関生支部と対立したことは多かったが」と前置きしたうえで次のように話している。

「関生支部の協力がなければ広域協組の成長もなかった。協組としての行動力がバラバラだった中小企業をまとめたのです。武さんは業界の功労者といってもよい。経営者たちの力だけでは協同組合をつくり上げることなどできなかったのですから」

また、同じく広域協組設立時の幹部も、私にこう答えている。

「生コン業界はゼネコンとセメントメーカーの間で生きるしかない弱者です。言うなればトラやライオンに囲まれた草食動物のシマウマみたいなものです。団結して身を守るしかないのです。もちろん我々の団結をゼネコンやセメントメーカーは嫌うでしょう。弱者が挑戦状を叩きつけているかのように思われるかもしれない。しかし〝お願い〟するばかりでは何も変わらない。我々だってときには労組のように団結を見せることも必要なのだと気が付きました。黙って死ぬのを待つことはない」

取材相手によって多少の温度差はあったにせよ、少なくとも関生支部の弾圧を喜ぶ者は広域協組関係者のなかにはいなかった。

また、生コン産労などの他労組も関生支部と同じ地平に立ち、警察や裁判所に怒りの拳を突き付けていたのである。

それが二〇年弾圧では、広域協組の変質によって関生支部だけが業界で孤立を強いられた。断言したい。広域協組は完全に本来果たすべき役割を放棄している。

協同組合とは、前述した広域協組元幹部の言葉を借りるのであれば「シマウマの団結」なのだ。何もしなければ猛獣のような大手資本に食われてしまう。だから仲間を集め、数を増やし、団結して闘う。つまり、無秩序な草原に秩序を生み出す手段なのだ。

本書で幾度も触れられている通り、もともと生コン業界は「食われる」だけの弱者だった。

全国に四〇〇〇社といわれる生コン業者の九割以上は中小・零細規模の企業である。「拡販」のためにセメントメーカーの手足となり、一方でゼネコンからは安値で生コンを買い叩かれる。入り口と出口に位置する大企業の「谷間」で、生コン業者はこれまでずっと発言力を押さえられてきた。「食われる」がままだった。いわば建設業界の最下層に置かれてきたのである。だからこそ協同組合を必要とした。

わが国では五〇年代まで、生コンは〝現場練り〟が主流だった。袋詰めにされたセメントを工事現場まで運び、その場において骨材と水を加えて練り混ぜる。それをモッコやネコ車で運んで打設するのが、生コン労働者の原初的な姿ではあった。「練り屋」として蔑まされた。このような工程に従事する労働者の姿を現在の生コン労働者に当てはめることで、建設業界は意味のないヒエラルキーをつくり出したと言えよう。

つい最近まで、労働環境も劣悪だった。長時間残業は当たり前、労務管理のために暴力団員を常駐させる企業すら存在したのだ。

こうしたなかにあって、もっとも果敢に抵抗したのが、関西の生コン工場で働く労働者たちであった。

ナイフをちらつかせて労組つぶしを図る暴力団員を相手に真正面からぶつかり、ときに刑事弾圧を受けながら、正月以外に休みのなかった生コン業界のなかで、様々な権利を勝ち取ってきたのである。

そしてそのなかから業界の構造に目を向け、中小企業の団結という発想に行き着いたのだ。そもそも一九九四年に広域協組が設立されたのも、過当競争に苦しんでいた生コン経営者たちが、〝敵〟である関生支部など労働組合に相談を持ちかけたことがきっかけとなっている。〝抵抗と団結〟は、関西の生コン労働者における、ある種の〝伝統〟でもある。

そうやって業界の秩序を生み出してきた。

大手ゼネコンや、関西以外の地域の生コン関係者から、「そもそも関西の生コン価格は高すぎる」といった声も聞くことがある。

確かに、地域によっては一万円以下の価格で生コンが流通しているところもあるのは事実だ。だが、それは労働者のあるべき待遇と生コンの品質が担保されていないからに他ならない。

関西以外の地域では、生コン業界で働く者は圧倒的に非正規労働者が多い。労働条件も悪い。労働運動の不在が、いまだに「建設業界の最下層」をつくり出しているのだ。

しかも地方部では、生コン専業という業態が少ない。建材店などの関連職種との兼業であったり、あるいは農業との兼業なども珍しくないのだ。要するに副業的な位置づけで運営されているケースが多い。そうしたところでは、生コン価格など、あってないようなものである。しかも当然、品質については重要視されない。

関生支部をはじめとする関西の生コン関連労組は、これまで粗悪生コンの「追放運動」などにも力を入れてきた。一時期は関西圏の協同組合と協力し、品質管理や技術発展を目的とした研究施設も運営していた。

適正な生コン価格を目指すのは、安全を確保するために必要なコストを得るためでもあった。安心・安全な生コン、そして業界の健全な発展を目指すのであれば、「適正価格」を求めることは、けっして「エゴ」ではない。

だから広域協組の手足として動いてきた関生支部への弾圧は、結局、業界にとって自らの首を絞めるに等しい行為なのだ。武委員長も述べているように、いま、関西の生コン業界では非正規労働者が増え続け、待遇も悪化している。

かつて目指した業界の大同団結など忘れ去られ、無秩序な草原に戻るための後退が始まったようにも見えるのだ。

「この先どうなるか不安でしかたない」

業界周りを取材してみれば、関生支部組合員以外からも、こうした声を拾うことは容易い。ゼネコンやセメントメーカーの庇護を受けて一時的な果実を手にした広域協組の理事たちを除けば、業界には不安と不満の声が通奏低音のように流れているのだ。

ちなみにいま、各地の裁判所で武委員長をはじめ、今回の弾圧で逮捕された組合員の刑事裁判が進行中だ。

同時に関生支部は国および滋賀県・京都府・和歌山県の四者に総額二〇〇〇万円の損害賠償を求

める訴訟を東京地方裁判所に起こしている。

これは裁判を通じて今回の逮捕劇が「労働組合の活動に対する違法な制約」であることを示し、国家弾圧の犯罪性を明らかにすることが目的だという。

組合関係者の逮捕は二〇一八年七月からの一年間で、実に八九人にものぼり、同一人物への繰り返しの逮捕・拘留・起訴がおこなわれるなど、常軌を逸したものだ。

また保釈条件に際しても労組活動を禁止するなど、労働権や団結権を破壊しようとする意図があからさまで、これもまた不当な条件と言えよう。

この裁判の第一回口頭弁論（二〇年八月二一日）で武委員長は「今回の弾圧は企業の枠を超えた産業別労働組合である関生型組合をつぶすためのもの。本来あるべき労働運動を『反社会的勢力』としてあおりたてるやり方は共謀罪の先取りであり、憲法二八条の空洞化だ」と陳述した。

この点に関しては私もまったく同感だ。暴力団対策に用いられてきた捜査手法が、そのまま労働組合弾圧に転用されたのである。

まさに国家的不当労働行為だと言えよう。

それにしても――なんという時代であろうか。

人間の尊厳を傷つけ、その尊厳すら奪うレイシストが堂々と闊歩し、生コン業界からカネを得る。

憲法でも保障された労働運動が弾圧の対象となる。

人権を無視した捜査が許容され、メディアがそれを無批判に報じる。デマとフェイクが流布されて、はっきりとモノを言う人間が貶められる。あまりにも荒涼とした風景の中を私たちは生きている。

だからこそ、何度でも強調したいのだ。

本当にこんな世の中でいいのか。資本を手にした強いものだけが生き残る社会でいいのか。社会運動が力で押しつぶされてもいいのか。

私は関生支部を過剰に持ち上げるつもりも、美化するつもりもない。大企業のスマートな労組と比べれば、あまりに泥臭い。当然「お行儀のよさ」には程遠い。無理もなかろう。ときにヤクザの息のかかった経営者や労務屋を相手に、命のやり取りをするような闘いを繰り返してきたのだ。労働運動の原則にこだわった「地べた」の労働組合なのだ。

それだけに、関生支部は社会の危機を敏感に察知する。風はどこに向かって吹いているのか、熱と冷気はどのタイミングで入れ替わるのか。体を張って警鐘を鳴らしているのだ。

社会をこれ以上壊されないために、私は関生支部に対する弾圧に断固抗議したい。

私自身が自由に生きていくためにも。

（敬称略）

[著者紹介]

**武　建一**
（たけ・けんいち）
全日本建設運輸連帯労働組合関西地区生コン支部執行委員長。1942年鹿児島県徳之島生まれ。中学校卒業後土木会社などで働き、19歳で大阪へ出て生コン運転手。1965年、5分会180人で支部結成。初代委員長に23歳で就任。一般社団法人中小企業組合総合研究所代表を兼務。

**連絡先**
全日本建設運輸連帯労働組合関西地区生コン支部
〒550-0021 大阪市西区川口2-4-28 ユニオン会館

武 建一が語る
**大資本はなぜ**
**私たちを恐れるのか**

2020年12月10日 初版第1刷発行

著者――――武 建一
編集協力―――安田浩一
発行者――――木内洋育
発行所――――株式会社旬報社
〒162-0041
東京都新宿区早稲田鶴巻町544
電話　03-5579-8973
FAX　03-5579-8975
ホームページ　http://www.junposha.com/

装丁・DTP　aTELIa
印刷・製本　中央精版印刷株式会社

ISBN978-4-8451-1661-4